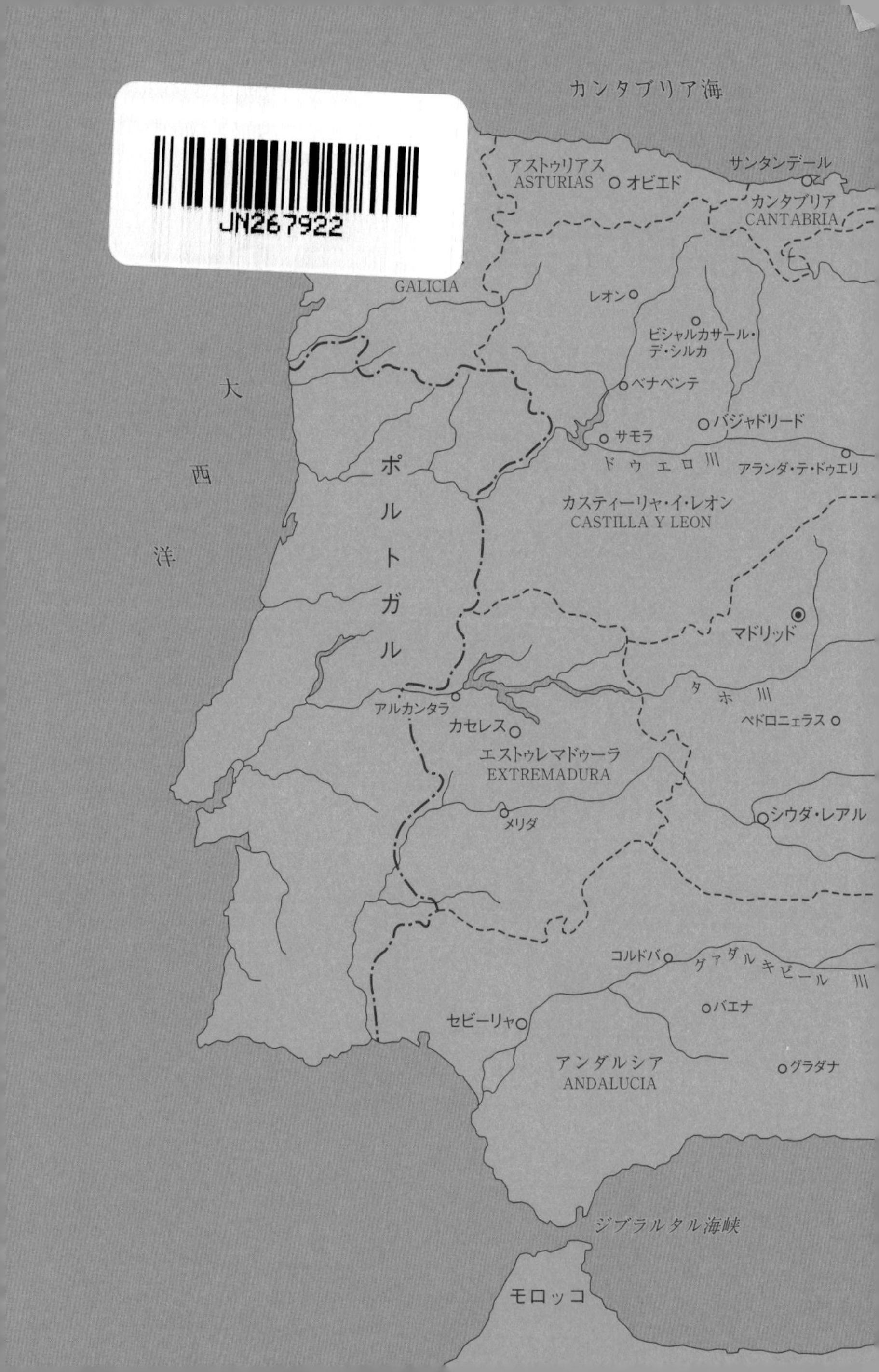

カンタブリア海
アストゥリアス
ASTURIAS
オビエド
サンタンデール
カンタブリア
CANTABRIA
GALICIA
レオン
ビシャルカサール・
デ・シルカ
ベナベンテ
バジャドリード
サモラ
ドゥエロ川
アランダ・デ・ドゥエリ
大西洋
ポルトガル
カスティーリャ・イ・レオン
CASTILLA Y LEON
マドリッド
タホ川
アルカンタラ
カセレス
ペドロニェラス
エストゥレマドゥーラ
EXTREMADURA
シウダ・レアル
メリダ
コルドバ
グァダルキビール川
バエナ
セビーリャ
アンダルシア
ANDALUCIA
グラダナ
ジブラルタル海峡
モロッコ

渡辺万里

修道院《アルカンタラ》の
ウズラ料理

Perdiz al modo de Alcántara

スペイン料理
七つの謎

修道院《アルカンタラ》のウズラ料理／目次

―スペイン料理七つの謎―

装幀／市村繁和（アイメディア）
地図／大友　洋

A mi gente de España,
muchas gracias por todo,
y para siempre.

最高のアサードに出合うには？

――カスティーリャの台地に仔羊を追って――

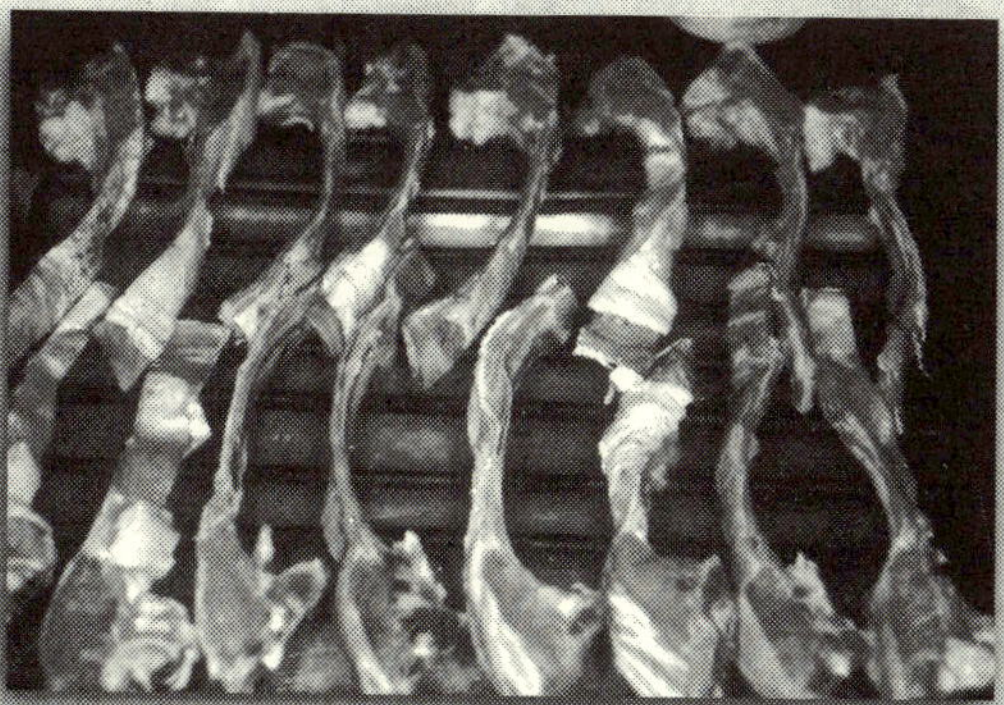

アサード考

スペインという国を食文化から見て地方分けするのには、種々様々な分け方がある。何しろ「山を越えると国が変わる」と言われるほどに、地方ごとの個性が強い国である。細かく分けようと思ったらきりがない。

そのなかで、アントニオ・デ・ベガという食文化評論家がかなりダイナミックな分類をしている。彼は地方ごとのもっとも基本的な料理を基準にして、スペイン全部をわずか四つに分けているのである。この分類に依れば、まずカンタブリア海に面した北部全域が、フランスからの影響が見られるとして「サルサ（ソース）の地帯」。南部が「フリートス（揚げ物）の地帯」。東部は「アロセス（米）の地帯」。そして内陸部の大部分が、「アサードの地帯」というひとつの地域としてまとめられることになる。

アサードとは、焼いた肉のこと。言葉そのものの意味からいえば網焼きや鉄板焼きも含まれるはずだけれど、現実にスペインでアサードと言えば直火かオーブンの火で炙って焼いた肉のことを意味する。しかも肉は少なくとも大きな固まりのまま、出来れば丸ごとで焼かなくてはいけない。豚の丸焼き。仔羊の丸焼き。シャコやウズラなど野鳥の丸焼き……。こういった料理こそ、スペイン内陸部の代表的料理なのである。そしてこの伝統は昨日今日に始まったものではなく、そのルーツを探るならはるか中世へと時を遡ることになる。

八世紀初めから十五世紀まで、足かけ八世紀にもわたるキリスト教徒とイスラム教徒の領土争いは、イベリア半島のかなり広い部分を点々と移動しながら行われたため、スペインの国土はそのほとんどが戦地となり荒廃した。宮廷さえも軍隊と一緒に移動してばかり、という時代すらあった。だから、中世のスペインに優雅な宮廷料理が生まれなかったのは無理もない。たとえ王侯貴族であろうとも、当時のスペイン人にとって一番の御馳走とは、野営地の大きなたき火の上でぐるぐるとまわして焼き上げられる豚や羊や牛のアサードだったのである。

それ以来、アサードはスペインの多くの地方の食卓で唯一無二の御馳走として幅を利かせてきた。肉を焼くだけというこれほどに単純素朴な料理が、現代においても依然として好まれ、大切にされているということは、スペイン人たちがおのれの味覚に寄せる確信のほどを物語ってもいる。

「新しい料理などいらない、我々にはアサードがあるではないか！」

今も毎日のようにスペインの各地でアサードの肉にかぶりつく人々が、それぞれの食卓でこんな歓声をあげている。この言葉は、スペインに統一国家としての第一歩を踏み出させたイサベル女王（一四五一～一五〇四）の言葉を思い出させる。

「新しい香料などいらない、我々にはニンニクがあるではないか！」

スペイン人は、中世から変わっていない。そう言って語弊があるなら、大部分のスペイン人の基本的な味覚は中世から変わっていない。そしてそれはそれでとても素晴らしい、得がたいことだと私は思うのである。

昔のアサードは薪の火を焚いて、その上でアサドールと呼ばれる肉炙り器で肉をぐるぐるまわしながら焼いた。中世の風俗を描いた絵タイルには、そんな肉炙り器がしばしば描かれている。そのあと薪を使ったオルノ（オーブン）が登場し、それから更にガスや電気のオルノが出来て、オーブンは変化し進歩してきたわけだが、アサードの時だけは今でも昔ながらの薪のオルノが好まれる。肉の旨みを生かし、薪の香りで一段と風味豊かに焼き上げることができるからである。したがって今日でも、アサードを売り物にするレストランでは、『オルノ・デ・レーニャ（薪のオーブン）あります』というのが一番の宣伝文句である。

しかしまた、薪のオルノがあってもアサードがおいしいとは限らない。肝心の肉がアサードに適した質のいい肉でなくては、話にならない。

スペインでアサードに好まれる肉とは仔羊、仔山羊、仔豚など。どれも「仔」がつく。つまり、若くて柔らかい肉ほど美味とされるのである。いったいどれくらい若いのがいいかといえば、最高とされるのは生後間もない乳飲み子。仔羊の場合なら、まだ草を食べない生後六週間くらいまでがもっとも好まれる。

しかし仔羊はまだ草を食べなくても、母羊は草を食べる。その草の味が乳の味に影響し、ひいてはその乳を飲む仔羊の肉の味を左右することになるから、いい牧草地帯があるかどうかは仔羊の肉質を見るうえで重要なポイントとなる。

あるいは草を食べ始めた仔羊ならもちろん、優れた牧草地域のものほど味がいいし香りもいい。余り育ちすぎてはいけないけれど、適度に育った仔羊には乳飲み子とはまたひと味違うより深い風味が生まれる。

いずれにしても、最高の肉を捜すには、色々な条件が揃わなくてはいけないことになる。土地質。草の種類。羊の種類。飼っている環境……。おいしく食べることに熱心なスペイン人だからこそ、こういうことにはとてもこだわる。そして彼らが例外なく最上質の仔羊の産地として太鼓判を押すのが、旧カスティーリャ地方なのである。

スペイン中央部に広がるメセタ（台地）。そこに放牧された羊の群れ。薪のオルノから香ばしい香りの漂う古風なレストラン――これほどに魅力的な構図があるだろうか。

折しも私は、旧カスティーリャ各地の修道院を取材して廻るという旅を計画していた。ついでにこの旅を「おいしいアサードの旅」にしたら、一石二鳥ではないか？　かくして私のアサードの旅が始まったのである。

ソリアへ

私の取材旅行は、マドリードからカスティーリャ地方の東半分を横切ってバルセロナへと向かう国道からスタートした。この国道が広々としたアウト・ビア（自動車専用道路）になって以来、マドリードから東へと向かう旅はすっかり快適になっている。今回の旅行の運転手は、スペイン風に言うなら私のメディア・ナランハ（オレンジの半分、人生の伴侶の意味）、カルロスである。

グァダラハラの町を過ぎる。カスティーリャのメセタの真っ只中に位置するこの町は、外へ外へと広がりつつある高層アパート群ばかりが目につく、どちらかといえば殺風景で平板な印象の中位の大きさの都市なのだが、食べ物で各土地の記憶をインプットしている私にかかると、この町のデータもこんな風になる。

――グァダラハラ。町の中央部のレストランで、極めて出来のいい仔羊のアサードを食べた。柔らかさ、香ばしさ、共に合格点以上。デザートは「ビスコッチョ・ボラッチョ（酔っぱらったケーキ）」。ラム酒のシロップに浸したカステラのようなもので、思いっきり甘い。この菓子の工場も見学済み……。

そして私の脳裏には、素焼きの器からはみ出さんばかりの大きさの仔羊のもも肉を、友人と二人で感激して食べ尽くした時の喜びがありありと蘇る。スペインには「舌がおいしいと感じたものを脳が記憶した時に、美食という探究が始まる」という言葉があるが、私の脳などはまさに、美食の記憶と次なる美食への願望がぎっしり詰まっている状態なのだろう。

しかし今回はこの町は素通りして、まだ食べたことのない所でアサードに挑戦しなければならない。「マドリードから一五〇キロ」という標識を過ぎたあたりでアウト・ビアを下りると、メディナセリという小さな町がある。ここが、今回の旅の最初の食事場所である。

ローマ時代の門やメディナセリ公爵の館が残っているという歴史ある古い町なら、おいしいレストランの一軒くらいはあるだろう、というのがこの町を選んだ私の考えである。ガイドブックによると街道沿いに一軒、比較的評価の高い店がある。町に入るとすぐ、古い町の中心部へと登っていく道の傍らに、そのレストランが見つかった。

どちらかというと街道の旅籠という構えで、一階がバル（居酒屋）とレストラン、二階がホテルという造りになっている。古めかしいバルを通り抜けて食堂に入ると、地元の人らしい客がぽつぽつと坐っていて、肉のいい香りが漂ってくる。いかにもカスティーリャらしいどっしりした造りのレストランに、その香りがよく似合う。

しかし、注文を聞きにきたカマレーロ（ウエイター）に早速「アサードを二人前」と頼むと、

「仔羊のアサードは終わってしまいました」

という返事。こういうさほど大きくないレストランでは、その日売れそうな量を見越して丸ごとの仔羊か、あるいは足何本分というような形の仔羊を、昼食の時間にあわせて焼いておくことが

多い。なんといってもアサードというのは、頼まれてすぐ出来る料理ではないのだから。今日の昼用に焼いた分が全部売れてしまったということなら、仕方がない。私は仔羊のチュレータ（肋肉）を、カルロスはアニョホ（一年子の仔牛）を頼むことにした。どちらも肉料理には違いないけれどアサードではなく、鉄板なりフライパンなりを使って直火で焼くタイプの料理である。

オーブンでアサードにするか、直火で焼くかという選択は、どちらが料理として優れていると いう問題ではない。柔らかくて旨みのある肋肉は、網や鉄板の上で短時間焼いた方がおいしい。分厚い塊で焼く仔牛肉なら高温に熱した鉄板で表面だけ焼いて、あとは余熱で中まで温めるくらいがいい。一方皮ごとの仔羊の足一本であれば、表はこんがり中はじっくりと火が通るまでオーブンで焼きあげるのが最高と決まっている。つまり、それぞれの肉の種類と部位が、もっとも適した料理法を自ら選ぶのである。

赤ワインを飲んでいるとまもなく、料理が出てきた。皿の上でジュウジュウいっている肋肉は柔らかくて旨みがあり、私は骨をきれいに残してあっという間に食べてしまった。ところで肋肉というのは、若い仔羊のものほど上等とされ柔らかくて味もいいのだが、それはつまり肋肉がより小さいということを意味する。つまり、「おいしい時ほど量が少ない」ことになる。この時もごく若い乳飲み子の仔羊だったので、その肋は悲しいほど小さく、私は見る見るうちに食べ終わってしまったのである。

暇になった私は、はるかに量の多いカルロスの皿を味見することにした。冷めないように鉄の皿に載せられた巨大な肉の塊は、これでも仔牛かというほどダイナミックな大きさ。添えられているナイフは骨の柄がついた、いかにも狩猟民族の名残りらしくどっしりと勇ましいもの。これで、肉の一片を切り取る。味つけは塩と胡椒だけだが、生まれたての仔牛の柔らかさと赤身の牛肉の旨みを兼ね備えた一年子は、充分に味がある。仔牛ほど真っ白でもない。成牛ほど真っ赤でもない。やや濃いピンク色の肉から、旨みのエッセンスである肉汁が滴り落ちる……。

フルーツのマセドニア（パンチ）をデザートに食事を終えた我々は、すっかりいっぱいになった胃袋を抱えて車に戻った。ここで二、三時間、ひんやりしたベッドで昼寝ができたらどんなに気持ちがいいだろう。レストランの二階の「ホテル」という看板が、すっかりシェスタ気分の私を誘惑するが、夕方のうちにソリアに着く予定でスケジュールを組んでいるのでいやいやながらも出発しなければならない。車はメディナセリの町外れから、リオハ方面へ向かう国道を北向きに走り始めた。

ソリアは、詩人アントニオ・マチャードが長く住んだ町として知られている。擦り減った石畳の道が古い広場や貴族の館、教会や修道院を結び、南国生まれの詩人が「冷たく凍てつくソリア……」とうたった灰色の町が静けさのなかに横たわっている。

しかし、食べることを軸にして土地を見る習慣の私には、詩人のインスピレーションの源としてのソリアは、とりあえず目に映らない。ここにどんな食べ物があるか、どんな酒があるか。ここの人たちはどんな場所で何を好んで食べるのか、といった好奇心が、旅に出た私をつき動かすエネルギーの原点なのである。

町を通り抜ける街道に程近い広場に、グラスを手に持った若者たちが砂糖に群がる蟻のごとく集まっているところを見つけた。早速割り込んでその人気の源を捜すと、ごく普通のバルが数軒あるだけ。この町の若者たちの溜まり場らしい。やっとワインのグラスを確保してあたりを見渡すと、ティーンエージャーたちに混じって家族連れもちらほらいる。その大人たちに近づいて、「おいしいレストラン」を尋ねてみる。

「一杯飲んでつまむならマジョール広場のバル、アサードなら向こうの通りの店だねえ」

と、奥さんと娘二人に囲まれて幸せそうなおじさんが教えてくれた。

いくらアサードの好きな私でも、夕食に丸ごとの豚や羊というのはいささか苦しい。我々は、おじさんご推薦のバルに入った。

昔ながらのどっしりしたカウンターがでんと置かれたバルに入ると、結構広いその空間は、飲みかつしゃべり、食べ、という態勢の人々でぎっしり埋まっている。確かにこの店では飲むだけでなく、タパス（おつまみ）にも人気があるらしい。

周りの人たちのほとんど全員が同じタパスをつまんでいるのに気付いて、我々にも同じものを注文することにした。ひとつは「パタタ・ブラバ」。ジャガイモを油で煮込み、ホワイトソースとトウガラシ味の赤いソースとをかけたもので、これはサラゴサなどアラゴン地方の町でもよく食べる。ソリアはサラゴサからも比較的近いのだったな、と思い出す。

そしてもうひとつのタパスはムール貝を使ったもので、壁のメニューによると「ティグレ（虎）」と書いてある。私が「ティグレを三つ」と言うと、十四、五歳のカマレーロの男の子が、巨大なムール貝を三つ載せた皿をもってきた。中身は、ムール貝とパン粉などを辛いトマト味にして焼いたもの。これが食べてみると相当な辛さで、ティグレという勇壮な名前の由来がなんとなく判るような気がする。三匹の大きな虎とジャガイモで堪能した我々には、明日のアサードに期待を残して夕食を終えたのだった。


翌日、朝から訪問の約束をしていた修道院の取材を済ませた私は、カルロスと落ち合って昼食のためレストランへと向かった。今日こそ、待望のアサードの日である。

いかにも地元の人が勧めてくれた店らしい、素朴な飾らない風情のレストランの主人は、私の要望に応えて台所を見せてくれた。小振りながらも、ちゃんと薪のオルノがある。まずはアサードの店として合格。

「ソリアのコルデーロを食べに、はるばる来たんです」

という私の言葉は主人をいたく喜ばせたらしく、

「これはサービスだよ」

という言葉とともにワインが一本、テーブルに出された。カリニェーナのクラレッテ（ローゼの一種）。カリニェーナというのはサラゴサの南に広がるワイン産地である。クラレッテと呼ぶにはやや重い、ほとんど赤ワインに近い風味を持つこの昔ながらのワインは肉料理、それもアサードによく合う。このワインを見ただけで、この店のアサードに対する思い入れが判るというものである。

大きな素焼きの皿に出された仔羊はいわゆるレチャル（乳飲み子）ではなく、もう少し大きめのものだったが、その分肉に豊かな味わいがあった。アサードのおいしさというのは、まずたち昇ってくる香ばしい香り、皮のぱりっとした焼き加減、そして口に入れた時に広がる旨みなどで決まる。ソリアのアサードは香りにはそれほどの感動を感じなかったが、肉を噛み締めた時の甘みが豊かで、それがワインの甘みと出合って口のなかで濃厚に広がっていく感じが独特であった。アサードの旅は、まずは順調なスタートを切ったのである。

アランダ・デ・ドゥエロ

スペインの古い諺に、「コシネーロ（料理人）は作られるが、アサドールは生まれる」というのがある。一般的な意味での料理人は育て上げることができるけれども、アサドール、つまりアサードを焼く職人には生まれながらの勘が必要だ、というような意味である。

肉を竈で焼く。たったそれだけの料理だが、確かにこれほど勘とコツを要する料理もない。適切な火加減や焼き上げるタイミングなどを知るにはマニュアルどおり習った知識だけではなく、天性の素質とも言うべきものが必要である。

ソリアから山を抜けてアランダ・デ・ドゥエロへと向かう街道を走る車のなかで私は、次の町で出会うアサドールはどんな天性の持ち主であろうかと思いを馳せていた。

アランダ・デ・ドゥエロはドゥエロ川沿いの古い町で、マドリードからブルゴスへと北上する街道に位置している。この一帯はおいしい仔羊の産地として名高く、そのなかでもこの町は「アサードの町」としてスペイン中に名高い。あたり一帯は豊かな農作地帯。そのうえリベラ・デル・ドゥエロという上質のワイン産地の一角を占めているのだから、おいしく飲み食いするのには事欠かない条件が揃っていることになる。

この町に、以前から行ってみたいと思っているレストランがある。以前ブルゴスへ行く途中で立ち寄った時にはあいにく休みだったので、今度こそはと張り切って店の前に車を止めると、幸い今日は看板が出ている。休みではないようである。

町の中央の一番人の集まる広場の入り口にあるこの店は、有名店ではあるものの気取らない店構えで、入り口の日除けが心地よさそうな日陰を作っている。我々二人が入っていくと、入り口のバルでのんびりと新聞を読んでいた紳士が立ち上がって、席へと案内してくれた。でっぷりとしていかにもワインの好きそうなこのメートレ（給仕頭）らしき紳士に、

「各地のレストランの料理のレポートをしている者です。シェフとお話できますか？」

と尋ねると、

「まずは食事を注文しなさい。あとでシェフを呼びますから」

と言う返事。我々はその言葉に従って、早速メニューを検討することにした。

とはいうものの、この町で食事といったら頼むものは決まっている。勿論、仔羊のアサードである。私はアサードを、相棒はチュレータを注文してまもなく、白いうわっぱりの女性がテーブルにやってきた。

「ようこそ、何をお聞きになりたいの?」

彼女こそ、この店の女主人であり料理人でもあるセリだと分かって、私は嬉しい驚きを感じた。ここの調理場を仕切っているのは、アサドールならぬアサドーラ、女性シェフだったのである。細身の体にぴりっとした緊張感をただよわせているセリは、

「もう少しすると忙しくなるけれど、少しなら」

と、眼鏡の奥の目を絶えず調理場に走らせながらも、てきぱきと私の質問に答えてくれた。

「確かにアランダ・デ・ドゥエロはアサードで有名だけれど、それだけではないわ。ドゥエロ川の魚もおいしいし、季節の野菜も色々ある。少なくともうちのレストランに来るお客様は、ここに来ればアサードだけでなく野菜料理や魚料理、つまりメニュー全体がある程度以上のレベルをいつも維持している、と知っているからこそ来てくれるのよ。勿論アサードもある。でも、いつもいつもアサードを食べなくても色々おいしいものはある、ということね」

セリが見せてくれた調理場から続くカウンターには、今日の特別料理がずらっと並んでいる。赤ピーマン、マッシュルームなど、いかにも畑から直行という感じの新鮮な野菜。素朴な川魚のマリネー。ソーセージを使った煮込み。どれも試食してみたくなるような、食欲をそそる光景である。しかも、その傍らには、どっしりした木のテーブルいっぱいにデザートが並べられている。セリの言うとおりアサードだけの町と侮ることはできない。実に充実した豊かな「食」が、ここにある。

さて、登場した仔羊のアサードは程よい大きさ。焼き上げた薪の香りが際立っていて、テーブルに運ばれてきた時点からまず嗅覚を刺激する。これはアサードの大切な要件である。そしてぱりっと香ばしい皮。ペキンダックではないけれど、アサードの一番おいしいところはこの皮だと私は常々思っているのだが、その皮がちょうどいい加減に焼けている。

結果としてこの店のアサードは合格点以上の出来だったけれど、それ以上に強く私の記憶に残ったのは、セリの細やかなセンスが感じられる季節料理の数々、そしてカスティーリャ地方の昔ながらの味をきっちりと再現したポストレ（デザート）だった。例えば、フロール・デ・カスティーリャ（カスティーリャの花）と呼ばれる古風な揚げ菓子にカスタードソースをあしらったものなど、気取った最近流行のレストランのデザートよりはるかに繊細に仕上がっていて、なおかつこの菓子本来の素朴な味わいを保っている。それらが物語っているのは、セリがアサドーラというよりはコシネーラ、トータルに優れた水準を持つ料理人だ、ということだろう。

季節ごとに、この一帯の野菜や魚を使った料理が次々とメニューに登場するに違いない。デザートも、まだ色々あるだろう。この店にはこれからも、ちょくちょく立ち寄ることになりそうである。

我々が席を立つ頃、店のテーブルのひとつでセリたちスタッフも昼食を食べ始めた。私がメートレだと思った太った紳士が、おもむろにセリの隣に坐り、セリが甲斐甲斐しく給仕をしている。彼とセリの二人が、この店のオーナー夫婦だったのである。

若い料理人たちにきびきびと指図していたさっきまでの厳しい顔つきとはうって変わって、ご主人にサービスするのにかかりっきりのセリの顔が女っぽく和らいでいるのが微笑ましい。

「アサードもおいしかったけれど、あなたのような素晴らしいコシネーラにお目にかかれたことが、もっと嬉しいです」

とセリに挨拶して、私は店を出た。

アランダ・デ・ドゥエロから西へ。ドゥエロ川とほぼ並行して走る国道を辿ると、バジャドリードに着く。「名前が知れているのはドゥエロだが、水があるのはピスエルガ」と古い唄に歌われたピスエルガ川は、バジャドリードの南でドゥエロ川と合流するが、確かにこのあたりでは勢いのある川となって、町の片側を滔々と流れている。

町の中央からそう遠くない昔風のいかめしい雰囲気のホテルに着き、翌日の取材のための準備や電話に追われているうちに、気がつくともう夜十一時になっていた。マドリードでは、この時間からでかけて行ってももうほとんどのレストランには入れない。仕方がないから、どこかバルを捜して軽くおつまみでも食べて夕食がわりにしようとホテルを出ると、路地に「メソン」というネオンが光っているのが見えた。

恐る恐るドアを開けると、「メソン」（居酒屋の一種）というよりは立派なレストランの構えだが、客は誰もいない。やはりもう閉まっているのかと半ば諦めながら、出てきた給仕に「まだ、いいですか？」と聞くと、「どうぞ、どうぞ」と席に案内してくれるではないか。我々は、この時間にちゃんとした夕食にありつけるという幸運を喜びながら、早速メニューの検討にかかった。

挨拶に出てきた店の若主人と話しているうちに、この店がガイドブックでも評価の高い、名の知れたレストランであることが判った。若主人は私に、ベナード（鹿）の煮込みをぜひ食べてみてほしいと言う。

「こんな夜遅くに食べるには、少し重たくないかしら」

とためらう私に、若主人は、

「もしお気に入らなかったら、他の料理と取り替えますから」

と自信たっぷりに勧める。その迫力に押し切られた格好で、私は彼の勧めに従うことにした。相棒はソロミージョ（フィレ肉のステーキ）を注文する。いずれにしても、この店のメニューの大部分は、迫力溢れる肉料理が占めているのである。

鹿肉は干したスモモとレーズンを使ったソースで柔らかく煮込まれていて、こういった味つけはともすれば濃厚になり過ぎることが多いのだが、実に適切な調味で、もたれるようなしつこさはない。私の満足そうな表情を見て、若主人はにっこりと頷いた。フイレ肉も肉質、焼き加減ともに上等で、全体にこの店の料理素材への行き届いた気配りが感じられる。

こうしてバジャドリードでの滞在は、夜の十一時過ぎから二時近くまでゆったりと肉料理を楽しむという、いささかへビーな、しかしとても贅沢な、この肉食の地ならではの大胆な夕食で始まったのだった。

バジャドリードの仲間たち

バジャドリードでの数日間は、文字通り「アサードの日々」だった。厳密な意味でのアサード、つまり肉の固まりのローストではないまでも、肉料理全般という意味で言うなら毎日昼も夜も肉料理で、カスティーリャの大地が育んだ仔羊や仔豚、それに仔山羊などを堪能した。

スペインの食を語る時、山羊も忘れることはできない。山羊はかなりの傾斜地でも身軽に上り下りして草を食べるので、山がちな地方では羊以上に重宝がられている。その主な用途はチーズを作ること。山羊の乳からは、柔らかいタイプも固く絞ったタイプもそれぞれに風味豊かな、様々なチーズができるのである。かくして、ごつごつした岩山の続く荒涼としたスペイン内陸部の風景に、険しい崖で草を食んでいる黒い山羊の群れというのは欠かせない点景となっている。

この山羊のなかでもまだ草を食べない乳飲み子が、アサードとして登場するのである。まだ小さいから、足一本がちょうど大きめの焼き皿に載るくらいの分量になる。この「仔山羊のもも肉のアサード」を、健啖家のスペイン人なら一人で軽々と平らげてしまう。こんがりと焼けた香ばしい皮を切ると現れる、柔らかな肉。やや野性味を感じさせるその風味には、仔羊とはまた違う魅力がある。

しかしなんといってもアサードの醍醐味は、このあたりでは「レチャッソ」と呼ばれる乳飲み子の仔羊に尽きるだろう。草を食べていないから、肉の味に癖がないし特別柔らかい。何の香料も使わず塩とオリーブ油で調味しただけで、あとは薪のオルノで薪の香りをしみ込ませて焼き上げる。淡白な味。とろけるような食感。そして勿論、ぱりっと焼けた皮……。バジャドリード滞在中に食べた「レチャッソ」はどれも、充分に満足できるものだった。

しかし、それだけではない。バジャドリードは、「パンの大地」と呼ばれる地域と「ワインの大地」と呼ばれる地域にはさまれているのである。このあたりのパン屋さんや市場に並んでいるような、上質の小麦粉を使ったきめの細かい田舎風のパンは、スペインのどこででも食べられるというわけではない。かりっと焼けてなかはしっとりと甘みさえ感じさせるこのパンを添えれば、大抵の料理が一段と引き立つ。

そしてワイン！　いくつもの優れたワイン産地がバジャドリードを囲むように広がっているが、

そのなかでもとりわけ、リベラ・デル・ドゥエロという産地の赤ワインはフルーティでダイナミック、深いコクがありながらまろやかで、肉料理にこれ以上はないというほどの相性の上質のワインである。ドゥエロ川の恵みを受けて生まれる、このワインとアサードとパンがあれば、かつて中世の王侯貴族が舌鼓をうった食事もかくあらんと思われるような、素朴ながらも豪勢な食事となる。

しかし、バジャドリードでの食事が私にとって特に豪勢だったのは、アサードがおいしいからだけではない。この町には仕事を通して友人となった人たちがいて、彼らの友情が、共にする食事をいつも素晴らしい宴会に変えてくれたのである。

彼ら四人は主に歴史を専門とする学者なのだが、幸いなことに、食べることと飲むことにきわめてスペイン人らしい健全な情熱を持つ人たちでもある。それも当然だろう。食べることにまったく興味のない人では、私の友達になってくれるはずがない。こちらは何しろ、食べることが仕事なのだから。

彼らとの食事はいつも、尽きることのない楽しいおしゃべりで始まる。何を食べようかとメニューを決めるのにも和気あいあいとした議論が繰り広げられる。いざ食事が始まれば、今度は料理を巡って様々な話題がテーブルを飛び交い、時が経つのを忘れてしまうため、レストランが遅くまで開いているバジャドリードでさえ「もう店を閉める時間です」と言われることもしばしばである。

誰かが目新しい料理を注文した時には、もちろん全員で味見をする。そのあとの批評を聞いていると、この人たちが歴史研究家だというのは何かの間違いで、料理研究家かコックにでもなった方が良かったのではないかと思われるほどの熱心さである。なかでも中世の文学を専門とするホルへは料理に造詣が深く、のみならず実際に作るのもかなりの腕だと言う。ある時、この町の自治体で郷土史を研究しているローラが私に囁いた。

「ホルへの料理は家庭料理には違いないけど、何しろ凝り性だからとても丁寧に作るし、そこらのレストランよりずっとおいしいのよ。あなたがいるあいだに一度ぜひ、彼の料理を食べさせてあげたいわねえ」

私も、彼の料理を御馳走になりたいものとひそかにねらってはいるのだが、照れ屋のホルへはなかなかこちらの誘いにのってくれない。素人で料理のうまい男性というのは大抵自慢したがるもので、水を向ければ「ぜひ一度、食べてみて下さい」ということになるはずなのに、彼の場合は逆なのである。私が、

「料理がとてもお上手なんですってねえ」

とでも言おうものなら、

「いやあ、僕なんて何もできませんよ。あなたのような専門家には、とても恥ずかしくて食べてもらえないなあ。それより、あなたの今度の研究のテーマは、どうなっているんですか？」

などと、話をかわされてしまう。

しかし、ある日とうとう、私はチャンスをつかまえた。肉料理の話から「この国では肉はなんでもアサードにしてしまうから、それ以外の料理のバリエーションが少ないわね。コネホ（ウサギ）だけはギソ（煮込み）にするけど、それも決まりきった味だし……」

と私が言うと、ホルヘがためらいがちに言ったのである。

「ここバジャドリードに昔から伝わるウサギ料理があるんだ。レストランでやっているところは少ないから、一度僕が作ろうか」

こうして私は、ホルヘとレイジェス夫婦の家での夕食に招待された。食べることは大好きだけれど料理は苦手で、常々「私の料理はテオリア（理論）だけ、実践は伴わないの」と公言しているローラ。インテリジェンスに溢れていてなおかつ人生を享楽するという生き方があるなら、まさにその見本といいたいようなマリア・ホセとパスクァル夫婦。そして私という、いつものグループのメンバーである。

当日、ホルヘたちの家に着くと、奥さんのレイジェスが我々を出迎えてくれた。

「ホルヘは今、手が放せないのよ。今日は何しろ、遠来のお客様に食べていただくからって、いつもに増して大変。朝から台所に籠もってるわ」

ローラたちに聞いたところでは、レイジェスも決して料理が下手なわけではない。むしろ料理好きな奥さんらしいが、ホルヘが台所に入る日には彼女も手伝う余地がないらしい。

貴重な休日を一日中台所で過ごさせてしまったかと恐縮していると、嬉しそうな顔でホルヘが現れた。

「今日はどうも自信がないなあ。それにこの料理は本当は、コネホじゃなくてリエブレ（野ウサギ）の料理なんだ……」

コネホは飼育されていて一年中手に入るのに対して、リエブレは狩猟が解禁になる秋の末から冬の季節にしか売らない。その時期でも必ずあるというわけではないから、なかなか入手しにくい素材なのである。

丸一晩、白ワインの中に漬けておいたウサギの肉を油で焼き、タマネギやダイコンなどの野菜とウサギの肝臓を使ったソースで煮込んだという料理は、見かけよりあっさりと食べやすい味で、我々はお世辞でなく「おいしい」と連発しながらきれいに食べ尽くした。

しかしこの日も、食事以上に盛り上がったのはおしゃべり。バジャドリードの歴史、カスティーリャ地方の歴史、料理を巡るエピソード、文学のなかの料理——話題は尽きない。とにかく皆がそのどれかを研究しているプロフェッショナルなのだから、私にとっては生きた図書館のようなもの。この機会にと次々に質問する私に、パスクァルもホルへも皆、根気よく答えてくれる。

が、そのうちに私が質問される側になってしまった。日本の歴史、スペインとの関わり合いなど、相手が相手だからうかつな返事はできない。辛ろうじてできるのは、日本の食べ物の話だけである。苦心惨憺して日本料理のアウトラインを語り、刺身に焼き物、酢の物、煮物などの説明をしていくとホルへが、

「今度バジャドリードに来た時には、今の話の料理を全部作ってくれなくちゃいけませんよ」と言う。私はあわてて付け加えた。

「ローラと同じで、私の日本料理は『テオリア（理論）だけ』なの……」

皆で大笑いして、夕食はお開きになったのである。

私と相棒がバジャドリードを発つ前の日、皆で夕方のビールを飲んだあとで、ホルヘが私に一冊の本を渡してくれた。

「君の役に立つといいんだけれど」

と、いつも通り控え目なホルヘにお礼を言って、私は薄い小冊子のような本を受け取った。

バジャドリードの食べ物の歴史を書いたその本を、ホテルに帰ってからゆっくり開いてみた私は、見返しに小さく書かれた献辞に気付いた。「触れるすべてのものを、甘く、甘く変えてしまう手と魅力の持ち主へ」――お菓子について研究している私にうまく合わせたこのピロポ（お世辞）は、私をすっかりいい気分にさせてくれた。こんな文学的なピロポを言ってくれる友人がいるというだけでも、この町を好きになるのに充分な理由と言えるだろう。

アサードと友情とに心から満足した私は、次の竈、次の仔羊を焼く煙を求めてバジャドリードを旅立ったのである。

米料理に仔豚料理

ドゥエロ川がスペイン北部を東から西へと横断してポルトガルへと入っていく、その手前の町がサモラである。ここはまた、ローマ人が銀やワインやその他もろもろの物資を運ぶために作った、〈銀の道〉と呼ばれる古い道筋にもあたっている。古い歴史を持つこの町に修道院を取材するためやってきた私は、今こそ、数年前から気になっていたある料理を食べるチャンスであることに気付いた。

スペインは米をよく食べる国で、バレンシア風パエージャを筆頭に米料理が数々ある。パエージャが余りにも有名であるために、米と言えばすべてバレンシア地方のものであるかのように思われているが、実はこのサモラにも昔から伝わる米料理がある。かのアレクサンドル・デュマも紀行文のなかで触れている「アロス・サモラーノ（サモラ風米料理）」というもので、これを現地で食べてみたいとかねがね思っていたのである。

しかし、町のめぼしいレストランでアロス・サモラーノを捜し始めた私は、意外にもこの料理を出しているレストランが少ないという事実を発見した。

「アロス・サモラーノはありますか？」

と聞くと、

「さあ、パエージャならあるけど……」

という返事が返ってきたりする。どうしてサモラまで来て、バレンシア料理を食べなくてはいけないのか。通りいっぺんの知識しかない観光客の波が、ここでも土地の素朴な名物を失わせてしまったのか、と嘆かわしく思っているうちに、もう一つのことが判ってきた。この料理は、もっぱら冬場に作られるらしいということである。

サモラは内陸部の町だから、その食生活の中心はもっぱら肉類になる。そして、その肉類を確保するための秋から冬にかけての大切な行事が「マタンサ」である。豚を殺して一年分のハムやソーセージなど備蓄食品を作るこの行事の時には、必ず余りの肉が出る。そういう、加工食品にした残りの肉に米を入れて作るのが、アロス・サモラーノなのである。

したがって、夏の最中にサモラを訪れた私には、この料理を食べる機会は与えられないかに見えたが、そこは食を職とする執念。私はとうとう一軒のレストランの料理人を口説きおとし、翌日の昼食にアロス・サモラーノを作ってもらう約束をとりつけた。

「折角日本からわざわざ食べに来たんだから！」

とほとんど脅迫せんばかりの意気込みの私に苦笑いしながら、彼はこう言った。

「作るのはいいけど、作るからには全部食べてもらいたいね。本当は、今頃の時期には作らないんだから」

これは、量が多いという意味であろうと判断した私と相棒は、翌日の朝食を抜くことにした。

朝九時前から重たいカメラを持って歩きまわる私にとって、朝食抜きの数時間はとても長い。かくして午後二時には、これならどんなに大量の米料理でも食べられるという確信を持って、我々はレストランに到着したのである。

シェフは、予約の時間通りに出来立てのアロス・サモラーノを食卓に運んできた。ごく普通の大きさの二人用のパエージャ鍋である。パプリカ色に染まった米の間に肉が入っていて、そんなに物凄いボリュームには見えない。

しかし——ワインとサラダを傍らに置いて勢いよく食べ始めた我々はまもなく、彼の言わんとしたことを理解した。アロス・サモラーノというのはこってりと濃厚な、冬の寒い時ならこれだけで体が温まりそうなどっしりと重たい料理なのである。

肉と言っても豚の足やら耳やら背脂やら、栄養たっぷり脂肪たっぷりの部位が使ってある。そのコクが染み込んだ米はいい味でなかなかおいしいのだが、暑い八月の真昼のメニューとしては明らかに余り適切ではない。それでも、無理に頼んだという意地がある私は、ワインで料理を必死に流し込み、無事パエージャ鍋を空にしてコシネーロに返すことができたのであった。

サモラから北へ六〇キロほど行くと、ベナベンテという町がある。この町はサモラと同じく〈銀の道〉の道筋にあたっていて、なおかつ「カミーノ・デ・サンチャゴ」、つまり聖地サンチャゴへと向かうかつての巡礼の道にも近い。そういう道筋の町なら、さぞや古い面影や情緒が残っているに違いない。昔ながらのおいしいものも沢山あるに違いないと、私は大いに期待をふくらませていた。

しかし、そんなに期待して到着したベナベンテの町は、やや拍子抜けするような、どちらかといえば殺風景な町であった。町の一端の小高い岡の上にあるパラドール（国営ホテル）は、確かに眺めも悪くない。内部も昔の城そのままにがっしりと重々しくて雰囲気があるのだが、表に出ると、短いメインストリートには昔を想像したくなるような鄙びた風情の店などもないし、食指をそそるようなカフェテリアもバルもない。かてて加えて、取材のために訪れた修道院までがおよそ情緒のない新しい建物だったので、私のこの町に対する印象はますます悪くなってしまった。

それでも風情がないというだけなら、私は決してその町にがっかりしたなどと書きはしない。ひとつでも本当においしいものと出合いさえすれば、大抵のことは許される。しかしこの町では食べ物もまた、はっとするほどのものには何一つ出合えなかったのである。

パラドールの食堂というのは大抵ある程度以上の水準を保っていて、ひどくまずい食事が出てくるという心配はないのだが、近年とみに「質の均一化」を図った結果、個性までが画一化されてしまったきらいがあり、どこのパラドールに行っても同じコックさんがいるのかと思うほど料理が似ていることが多い。

このベナベンテのパラドールもまたしかりで、メニューには一応、地方料理としてアロス・サモラーノやアサードが並んではいるものの、全体として見るとどことなく個性に欠けている。私は結局、「トストン・ア・ラ・サモラーノ（サモラ風トストン）」を注文した。トストンとはコチニージョと同じく、仔豚の丸焼きのことである。

しかし仔豚に関しては、最高の産地はセゴビアの近辺とアビラの北部であり、スペイン広しといえどもセゴビアで食べるコチニージョに優るものはないということは、議論の余地がないだろう。ここベナベンテのパラドールでテーブルに運ばれてきた仔豚の味わいも、セゴビアのそれにはかなうべくもなかった。

何よりも気に入らないのは、塩味が強すぎる。仔豚は皮のぱりっとしたところが一番おいしいのに、塩が強いためにその皮がほとんど食べられないのである。私は遅まきながら、アサードに関する本に書かれていたことを思い出した。「サモラ風トストンは、繰り返し塩水を塗りながら焼き上げる」というのである。しかもそのうえ、「マドリードへ乗り込む前日のクーデター軍のために作った料理なので、『クーデターのトストン』とも呼ばれる」のだという。戦いを前にした兵隊たちなら、少し塩辛いくらいの料理も歓迎されたことだろう。

パラドールの料理にがっかりした我々は、翌日は町を南北に通り抜ける街道沿いのホテルのレストランを試してみることにした。

しかし、何かしらカスティーリャ風の肉料理を注文しようと思いながらメニューを開くと、目に飛び込んできたのは、アサードならぬ「プルポ・ア・ラ・ガジェーガ」、タコのガリシア風などという文字であった。

カスティーリャの山中でガリシア料理とは、奇異なことがあるものと首をかしげているうちに、はたと気付いた。ここからガリシアまでは山を越えればもうすぐ。ましてこのホテルは聖地サンチャゴへ、つまりはガリシアへと向かう街道に面しているのである。

旅するにつれてアサードの地が今や終わりに近づき、代わりに今度は北海に面したマリスコス（魚介類）の地へと道が近づきつつあることに一種の感慨を覚えながら、私は夕食に「メルルサ・ア・ラ・ガジェーガ（メルルサのガリシア風）」を食べたのであった。

巡礼たちのアサード

カスティーリャ地方をサモラ、ベナベンテと辿って北上していくとレオンへと到る。西側をガリシア、北側をアストゥリアスに接して独自の文化圏を築いた、かつてのレオン王国の礎の地である。

レオンは格式と威厳に満ちた古い町だが、このレオンを「カミーノ・デ・サンチャゴ（聖地サンチャゴへの道）」が東西に横切っている。今回の私の旅はレオンから少しだけ、この中世の巡礼の道を辿っていくことになっている。

レオンの町のパラドールは、かつては聖地への道を辿る巡礼たちを守るための騎士団の宿舎だったという堂々たる建物で、アストルガへと向かう古い街道に面し、町の外側を縁取るベルネスガ川の橋の袂にある。このパラドールで朝食をとりながら、私は地図とガイドブックを片手に旅のプランを練っていた。これから、巡礼の道沿いのいくつかの町を廻って修道院を訪ねることになる。さて、昼食はどこで食べようか?

私はガイドブックから、聞いたこともない名前の町を拾い出した。「この町は今も中世の街道筋の面影を止め、巡礼たちの立ち寄った旅籠そのままの造りで昔ながらの料理を供しているレストランがある」と書いてあったからである。

レオンからまず、マンシージャ・デ・ラス・ムーラスという村へ。ここで巡礼の道は二つに分かれている。より細い方の道をカルサディージャ・デ・ロス・エルマニージョス、カルサーダ・デル・コトと辿っていく。

それにしてもこの国では、どうして小さな町や村ほど長い名前がついているのだろう?「村の目抜き通りより、村の名前の方が長い」という時折耳にするジョークが、なるほどと頷ける気がしてくる。この調子でいくと、昼食の予定の町もさぞかし小さな町だろう。なにしろ「ビジャルカサール・デ・シルガ」という長々しい名前がついているのだから。

道はやがてサアグンに着いた。かつてここには壮大な修道院が栄え、この地方一帯を広大な地所として並ぶもののない隆盛を誇ったという。しかし、修道院や教会の私有財産を制限し取り上げる法令が施行された一八三七年を期に、その繁栄は幕を閉じた。今サアグンに残るのは、栄華の名残りのあとを止める廃墟だけ。崩れかけた門が痛々しく、生い茂る草が非情な時の流れを物語っている。

それにしても、この細い旧街道を車で走っていると、思いがけないほど多くの自転車で旅をしている人たち、そして大きなリュックを背負って歩いてくる人たちに出会う。現代の巡礼たちである。

サアグンで訪問した女子修道院の修道院長は語ってくれた。

「今でも、なんらかの形でペレグリナシオン（巡礼）をする人たちは驚くほど沢山いますよ。自転車で、あるいは自動車ででも、とにかく巡礼の道を通って旅をしてみるという人たちです。例えば、毎年のように私たちの修道院に泊まってサンチャゴへの旅をする家族連れがいます。彼らは、子どもたちに巡礼の旅の体験をさせているわけです。勿論、自動車で移動する旅では昔の巡礼と同じというわけにはいきませんが、それでも子どもたちの信仰を深めるのにはとても意味のある旅ですよ」

寝袋をかついでショートパンツで街道を歩いていく若者たちの顔を見ると、信仰を深めるなどという言葉は連想しにくい気もするが、そこは元々カトリックがどこよりも強く根付いていた国のこと。案外そういう殊勝な心がけの若者もいるのかもしれない。ともあれ、目的が「祈る」ことにあるのかどうかは別にしても、昔の道を辿り、昔の人と同じ旅をしようという若者たちが結構沢山いることは間違いない。

カリオン・デ・ロス・コンデスという村から、さらに細い街道を少し行ったところで「ビジャルカサール・デ・シルガ」という標識を見つけて街道を曲がると、そこは静まりかえった小さな村であった。唯一の広場と思われるところで車を止めてあたりを見渡すと、ゴシック風の堂々たる教会と広場を挟んで向かい合うようにして、古風な造りの平屋の建物がある。これが目的のレストランらしい。

建物の正面には重そうな木の扉があり、その傍らのベンチにいかにも田舎の村のおじいさん、という感じの人が杖を支えに坐っている。扉を開けようとする私たちに、おじいさんが「こんにちは」と挨拶してくれるので、こちらも挨拶を返して中に入る。

外も古風だったが、中はもっと古めかしい。壁には高い天井までいっぱいに、かつてカサ（狩猟）に使ったらしい銃や様々な道具類、古びた肖像画などが飾られている。何気なく見回していた私は、その肖像画のひとつのモデルが、外に坐っていたおじいさんであることに気付いた。あの人が店の主に違いない。

大きな長いテーブルがずらっと並べられた食堂はほぼいっぱいで、我々はかろうじて隅の方の一角を確保することができた。

若い男の子がメニューを持ってくる。手書きのようなくねくねした字のメニューはいささか読みにくいが、どんな料理があるか想像がつくから難しくはない。こういう田舎では素朴な料理を頼むのに限ると思って、ソパ・デ・アホ（ニンニクのスープ）と仔羊のアサードを注文する。周りのテーブルを見渡すと、大きな素焼きの器に入ったアサードの置いてあるところが圧倒的に多いから、アサードの評判はいいに違いない。

傷だらけの木のテーブル。一人ひとりの前には籐を編んだマット。これが料理を載せるためのクロスの代わりになる。そして、無造作に置かれたごついフォークとナイフ。素焼きの壺になみなみと注がれた赤ワイン。すべてが、昔ながらの素朴さで調和している。かつて疲れた足を引きずってこの村に辿り着いた巡礼たちも、こうしてワインの壺を前にして安堵の溜め息をついたに違いない。

まずスープが運ばれてきた。素焼きの小さな壺に入っていて、木のスプーンが添えてある。プチェーロと呼ばれるタイプの壺のミニチュアのような感じである。普通ソパ・デ・アホというのは、スープ皿でなければ素焼きの浅い土鍋か小鉢に入って出てくるものなのだが、同じ素焼きでも壺入りというのは珍しい。

蓋を開けてスプーンに一匙掬ってみた私は、意外な感触に驚いた。通常のそれのようにさらっとしたスープではなく、どろっと糊のように粘りけがあり濃度が濃い。このスープは、ニンニクと一緒に薄く切ったパンをカリカリに油で炒めてから煮込んで作るのだが、普通はパンが柔らかく漂っているあたりで煮るのを止めるところを、ここではパンがどろどろになるまで煮詰めるのだろう。まるでパンのおかゆという感じで、見慣れないせいか何とも不思議な出来上がりである。

しかし食べてみると、このどろどろしたスープが実においしい。暑い真夏の日の、それも一番暑い真っ昼間に食べているのに何の違和感もなく、しつこくもない。私は、お腹を空かせて辿り着いた巡礼のような勢いで、瞬く間にスープをきれいに平らげた。

そしていよいよ待望のアサード。かなり大きな、しかし仔羊がまだ大き過ぎないことが判る程度の大きさの塊が、香ばしいえもいわれない香りと共にテーブルに到着し、私と相棒は、先を争うように肉を切り分けて各自の皿に取り分けた。

この仔羊のおいしかったこと！ 肉の持ち味を生かす、適切な塩加減。大きな竈で充分な火力で一気に焼いたことが分かる、ぱりっと焼けた皮の香ばしさ。癖がなく、それでいて旨みを充分に持ち始めている肉の風味。肉を食べているという充足感が味わえる適度な歯ごたえと、口のなかで溶けていくような柔らかさの微妙なバランス……。それは間違いなく、今回のカスティーリャ地方を巡る旅のなかで出合った、最高のアサードだったのである。

長く遠い巡礼の道も、こんな美味が所々に待っていたのならそう悪くなかったかもしれない。我々は深い満足の溜め息をつきながら、これから取材に行くカリオン・デ・ロス・コンデスの修道院製の菓子とコーヒーで、このきわめてカスティーリャらしい食事を終えた。

カリオン・デ・ロス・コンデスの修道院での取材が終わったのは、午後六時だった。これで今回の取材旅行の目的は、すべて無事終了である。

「今日はバジャドリードに出て、もう一度あそこのレストランでアサードを食べて、明日マドリードに帰りましょうよ」

と私が言うと、我が相棒は時計を見ながら答えた。

「それより、今から車を飛ばせばマドリードに帰り着いて、日本料理屋で久し振りにサシミが食べられるじゃないか」

かくして、スペイン人のくせに日本食に目のない相棒の要望によって、我々はアサードの旅に終止符を打ち、一路マドリードへと国道を南へ向かったのだった。

究極のエンパナーダはどこに？

——巡礼の地ガリシア紀行——

エンパナーダとは？

ガリシアというのは——世間一般のイメージに従うなら——どちらかというとスペインらしからぬ地方である。そう言うと、ではいったいどういう地方がスペイン的なのかということになるが、「紺碧の空のもと、漆喰の白壁の家と花に囲まれたパティオの並ぶ、アンダルシア地方のような所」というのがおおよそ、我々日本人を筆頭に外国人のイメージするスペインというものだろう。

確かに、アラブ文化の影響を色濃く残すアンダルシアのようなスペイン南部の地方には、他のヨーロッパの国々にはないエキゾチックでヨーロッパ離れした、むしろ東洋的とさえ呼びたいような独特の趣があり、それをもって「スペイン的」と呼ぶのは決して間違ったことではない。

しかしそれなら、降雨量が多くて野山はしっとりとした緑に覆われ、入り組んだリアス式海岸から見上げると山には松の木々が聳え、農家には湿気を避けて高床式にした作物の収納庫があるガリシア地方のことは、何と表現すればいいのか？

ガリシアは、地理的に見るならイベリア半島の北西の外れに位置する僻地である。しかし中世に「サンチャゴ・デ・コンポステーラ」という聖地が発見されたおかげで、この地方はカトリック文化圏の一部として——たとえ文化圏の一番隅っことしてとはいえ——認められることになった。

またこの地方の海岸線には、昔から良質の漁港として知られる港が並んでいて、今でも国内消費、輸出両方の分野でスペインの水産の大きな部分を占めている。言語は、隣接するポルトガル語に似通ったガリシア語と呼ばれる言葉を話す。音楽に関してはスコットランドのバグパイプとまったく同じものをガイータと呼んで、これを伴奏にアラゴン地方のホタに似たムニェイラというフォークダンスを踊る……。

これは一体、何文化と呼んだらいいのか？　紀元前六百年頃スコットランドへ渡る途中のケルト民族の一部がここに腰を据え、ケルト文化の一端をこのイベリア半島の一角にもたらしたことは事実だが、それをもってして直ちにここがケルト文化圏であると言えるほどには文化というものは単純ではないだろう。

文化論はさておき、このガリシア地方名物の食べ物、エンパナーダが今回の旅の主役である。エンパナーダの本来の役割は、タパス（おつまみ）であったと思われる。その証拠には、エンパナーダのふるさとであるガリシア地方では、どこのバル（居酒屋）にも必ずエンパナーダがおいてある。

一切れのエンパナーダと一杯のワイン。それは遅めの朝食にも、昼食前のアペリティーボ（食前酒）にも、そして夕方お腹が空いた時のスナックにも夜食にも、文字通りオールマイティに活用される。

エンパナーダという名前は、エンパナール、つまりパンで包むといういう意味の言葉に由来するものと推測される。伝統的なエンパナーダは、確かにその名前のとおり分厚いパン生地に様々な具をはさんでオーブンで焼いたものである。主食部分にあたるパンとおかずにあたる具が一体になった食べ物、なおかつ皮の部分が具を包んでいて食べるうえに大変簡便であるという意味では、西欧でいえばサンドウイッチ、東洋でいえば万頭のような性格の食べ物であるとも言える。

ガリシアには、このエンパナーダという食べ物が相当昔から存在したらしい。サンチャゴ・デ・コンポステーラのカテドラルの一角の柱頭飾りにはエンパナーダが図案として使われていて、中世のガリシアにおいてすでに、エンパナーダが人々の生活に密着した存在であったらしいことを裏付けている。

また、十七世紀の半ばにスペインを統治していたフェリペ四世の宮廷料理人マルティーネス・モンティーニョは、ガリシアの出身だった。彼は料理だけでなくカスティーリャ語（標準スペイン語）をもマスターし、『料理、デザート、ケーキ、保存食の芸術』という本を書いてその名を後世に残した、なかなかに意欲的な料理人である。この本は宮廷をはじめとする大きな屋敷の料理人が知っているべき心得、メニューの組み方などをも含む充実した内容のどっしりと分厚い本だが、さすがガリシア出身だけあってエンパナーダのレシピが沢山入っている。

ここで登場するエンパナーダの中身は、ウズラ、鶏肉、イノシシにカモシカ、仔牛に七面鳥と肉類は思いつく限りすべて。それに比べると魚類はランプレアとソージョだけと少ない。ハプスブルグ王家の流れをひくフェリペ四世の時代のスペイン統治は、常にイベリア半島の中央部に拠点を定めていたカスティーリャ王国のあとを引き継ぐもので、その文化圏はあくまで内陸系であり、したがって食文化も肉食中心であったことを、このバランスは物語っている。実際には、ガリシア出身のモンティーニョのレパートリーには、もっとずっと沢山の魚介類のエンパナーダがあったに違いないから。

現代におけるエンパナーダも、そのバリエーションは驚くほど沢山あるらしくて、ガリシアでは『エンパナーダの作り方』というような本まで何冊か出されている。私もガリシアを訪れた際にそういう本を一、二冊買ったことがあるが、よく確かめずに買ってから気付いてあっと思ったのは、それらの本が大抵どれもガリシア語で書かれているということだった。

蛇足になるが、スペイン各地方の独立自治を求める運動はここガリシアでも盛んで、そのなかでも最近のこういう運動の常として、標準語の替わりに彼ら固有の言語を使おうという動きは特に目につく。ちなみにガリシア語というのはスペイン語とポルトガル語をちょうど半分ずつ混ぜたような言葉で、きちんと理解しようと思ったら辞書が必要になる。ちょっとした方言というような問題ではないのである。

ガリシア文化を大切にし、また伝統的なエンパナーダの作り方を保存するために本を出すのはとても有意義なことだと思うけれど、できることならガリシア語の版だけでなく、標準語でも出してほしかったな、と思ってしまう。その本をガリシア語だけで書かれてしまったら、読める人は限られてくる。

ガリシアでだけではない。カタルニアでも、ぜひ学びたい本が沢山カタルニア語で出版されている。スペイン文化を学ぶということは標準スペイン語の習得に終わらず、カタルニア語にガリシア語、はてはバスク語まで多少は理解しなければいけないということなのだろう。このエンパナーダの本の場合には幸い、ガリシア料理に関する知識を総動員して推測することとポルトガル語の辞書の助けで、なんとか理解することができたけれど、こういう複雑な成り立ちを持つ国で文化を守り伝えるのは本当に難しいことだと、つくづく思う。

本論に戻ると、ではいったいどうして、本一冊になるほどエンパナーダの種類が存在するのか？それは現代では皮の部分と具の部分、両方に色々なバリエーションがあるからである。

皮はすでに述べたように、分厚く延ばした小麦のパン生地というのが主流だけれど、ガリシア独特のトウモロコシ粉で作ったパン生地というのもある。イーストを使うものもあれば使わないタイプもある。固めのもの柔らかめのもの、分厚いもの薄いものと千差万別である。

中身にいたっては、ありとあらゆるものが――肉あり、魚あり、貝あり――具として使われる。ガリシアは魚介類の宝庫として知られる海辺の地方だから、他の地方でならこんなおつまみに入れるには贅沢と思われそうな魚介類でも、ごく気軽にエンパナーダの具にされてしまうのである。かくして、皮と具を組み合わせていけば、かなりの種類のエンパナーダが存在することになる。

どういう皮のエンパナーダがもっともおいしいか？　どのタイプの皮と具が一番合うのか？

味付けは？　焼き加減は？　ガリシア地方の文化的中心地であるサンチャゴ・デ・コンポステーラの町を舞台に、究極のエンパナーダを求めて私の旅が始まる……。

旅はエンパナーダで始まった

私がスペインで旅をするとなれば、これはもう確実に食べることが目的である。仮にたまたま違う目的のある旅だったとしても、食べるためにも十二分に活用する、と言った方が正しいかもしれない。

友人たちも心得たもので、私が旅にでかけるというと、何をしに行くのかとは尋ねない。

「今度は、何を食べに行くの？」

と聞くのである。

その点、今回訪れるガリシア地方の場合には、目的となる食べ物をひとつだけ指定するというのはなかなか難しい。なにしろスペインきっての魚介類の宝庫として知られるこの地方には、豊富な種類の魚が揃っていて質もいい。ロブスターからペルセーベス（エボシガイ）まで、マドリードでなら目の玉が飛び出るほど高価なマリスコス（貝、甲殻類）も安くておいしい。名物のぶつ切り茹でタコも鄙びた風情なりに食欲をそそるし、リアス・バイシャス、リベイロといった産地のフルーティな白ワインも捨てがたい。

しかし、数年振りのサンチャゴ・デ・コンポステーラの町に着いた私は、天の啓示ともいうべきインスピレーションにうたれたのである。――そうだ、私の大好きなエンパナーダを思う存分食べてみたらどうだろう？

この旅も仕事の旅ではある。ある雑誌のためのレストランの取材が主な目的なのだけれど、だからといって、エンパナーダを食べる時間に事欠くとは思えない。こうして私は、エンパナーダ食べ歩きへの期待を胸に、ホテルに荷物をほどく間も惜しんで町へと最初の散歩にでかけたのである。

サンチャゴ・デ・コンポステーラ。ここは、サンチャゴ（聖ヤコブ）という聖人の遺骨が発見されて以来、ヨーロッパの三大聖地のひとつとして各国からの巡礼で賑わってきた町である。今でも七月二十五日の聖ヤコブの日には、この地での盛大なミサに参列するために、スペイン国内のみならず近隣のカトリックの国々から多くの人々が訪れる。

コンポステーラとは、星の野原という意味らしい。星の降り注ぐ野に見いだされた聖人の遺骨を祀るカテドラルを中心として、どっしりした古い町並みの広がるこの町を、私は以前からとても好きだった。この町では、ガリシア独特のどんよりと曇りがちな天気でさえ、灰色の石を積み上げて作られた家々を一層味わい深く見せてくれる。

カテドラルの隣の、かつては騎士団の宿舎だったというパラドール（国営のホテル）を宿とした私は、カテドラルへのお参りも後回しにして、早速ひとつめのエンパナーダに挑戦すべくバルの物色を始めた。

　エンパナーダは元々はガリシア独特の食べ物だが、実はここまで来なくては食べられないというものでもない。何しろエンパナーダは冷めてもおいしく食べられるから、食料品店などで切り売りもできる。つまり、ハンバーガーチェーンや冷凍食品がスペインに出現する以前から、エンパナーダは、買ってきてそのまま食べられるスペイン独自のお惣菜、ファストフードのひとつでもあったわけである。

　だから例えば首都マドリードでも、エンパナーダを売っている食料品店は方々にある。そして何を隠そう、私はそのお惣菜版エンパナーダが結構好きなのである。今までに自宅近くの店のものは一通り食べ比べてみた結果、豚肉入りなら角の店、ツナ入りなら広場の先の店とひいきの店も決まっている。

　しかし――そこがやはり「しかし」と強調したくなるところなのだが、それらの切り売りのエンパナーダはどうしても、本場ガリシアのものとまったく同じというわけにはいかない。だからこそ、こうしてガリシアに来たからには色々なエンパナーダを片っ端から食べてみようというのは、私としてはごく当然な成り行きだったわけである。

　カテドラルを中心とする町の古い一角には、細い路地に面して沢山の店が軒を並べている。土産物の店や宝飾店に混じって、ウィンドウに茹でタコを飾った気取らない構えのバルもぽつぽつ見かけられる。

この地方の名物と言えばなんといっても、茹でたタコにパプリカとオリーブ油をかけただけという、単純きわまりない「プルポ・ア・フェイラ（祭り用のタコ）」というタパス（おつまみ）。だからどのバルもレストランも、ショーウィンドウには必ず茹でたタコがでんと鎮座ましましている。そして、そのタコと並んで代表的なタパスがエンパナーダなのだから、エンパナーダの無いバルというのも、この町ではまず考えられない。

こじんまりとしたバルをのぞき、地元の人たちが数人のんびりとくつろいでいるようなので入ってみると、カウンターの上にはちゃんとエンパナーダが載っている。カウンターのなかで給仕をしている、まだ十五歳を越えたとは思えない少年に、エンパナーダ一切れとワインを一杯頼む。まだ時間は朝の十一時だが、廻りの人たちも皆ワインを飲んでいるのだから、郷に入っては郷に従えということである。

ガリシアでは白ワインの方がいいものがあるということを忘れ、うっかりいつもの習慣で赤ワインを頼んでしまったのだけれど、その赤ワインがこの地方独特のタサ（茶碗）と呼ばれる陶器の盃に注がれて出てきたのを見て、ガリシアに来たのだな、とつくづく実感する。庶民的なバルでは、樽のワインやもっと安いガラファ（ガラスの壺）入りのワインをいったん陶器の小さめの壺に移し、それからこのタサに注いで飲むのがガリシアの習慣なのである。

そしてエンパナーダ。中身はベルベレッチョ（ザルガイ）で悪くない味だが、皮が分厚くてやや固い。マドリードで売っているものと比べればおいしいけれど、本場ガリシアとしてはごく標準的な出来というところだろう。それでも、早朝にマドリードを発ってお腹が空いていたので、この旅初めてのエンパナーダと素朴な赤ワインは、悪くない喉越しだった。

朝の散歩を終えてホテルに戻ると早速、昼食を予約しておいたレストランへと向かうべくタクシーを頼む。サンチャゴ・デ・コンポステーラの町の中心部はごく狭いので時間さえあればどこへでも歩いていけるけれど、今日訪れる店は町から八キロメートルほど郊外の、ベドラという小さな村に位置しているのである。

古い館をそのまま生かしたというそのレストランは、本当に小さな村の真ん中にぽつんと建っていた。道路の向かい側には農家と思われる質素な家が連なっていて、庭で豚を飼っていたり畑を作っていたりするのだが、そののどかな雰囲気もまたいい。

レストランの庭には花が咲き乱れ、池ではアヒルが賑やかに水を浴び、目を上げればその向こうにはガリシアらしいしっとりとした緑の田園風景が広がっている。都会からちょっと出ただけでこんなのんびりしたレストランがあるなんて本当に贅沢な、うらやましい話である。

その贅沢さが人気を呼んで、食堂はサンチャゴの町から昼食に出かけてきたらしいエリートビジネスマンたちでいっぱいだった。昨今は、スペインでさえもビジネスランチというものが重要になってきているので、どのテーブルも明らかに仕事がらみのスーツ姿の男性ばかりである。おおよそ最近のスペインでの高級レストランの客層は、昼は男性中心、夜はカップルかグループというのが普通となっている。

意欲的な活動で近年めきめきと評価されつつあるこの店のオーナーシェフ、ロベルトとは、マドリードでの料理関係の催しで友達になった。彼はガリシアの伝統と素材を生かしながらも、より現代に合う味覚の料理を作り上げようと、熱心に勉強し工夫を重ねている。「伝統料理を無視しない」ということが彼の基本理念なので、メニューには名物のタコも、もうひとつのサンチャゴ名物であるホタテガイも、そして勿論エンパナーダもある！　となれば、メニューの最初は本日二回目のエンパナーダに決まりである。

ここのエンパナーダはパン生地ではなくて、より薄く軽く仕上がるパイ皮を使っていた。中身は朝のものと同じザルガイである。

まず、丁寧に作られたパイ皮が口の中でさくっと崩れると、タマネギをオリーブ油で丹念に調理したソフリートの甘みが口中に広がる。そして最後に、品よくパプリカを効かせたザルガイの風味がじわっと長い余韻を残す……。さすが、ガリシアのみならずスペイン各地に名前を知られつつあるトップクラスの料理人らしく完成度の高い、そしてきめの細かい仕上がりの一皿である。

全体にあっさりした味つけで、ガリシア独特の素材を充分に生かした料理によるメニューがそれに続く。しかし、いくらあっさりしているといっても次第にお腹は苦しくなってくる。なにしろロベルトは、遠方から訪れた私に彼の代表作をどれも味見させたいとばかり四皿ものボリュームたっぷりのコースを組み、そのうえ断れないほど魅力的なデザートまで用意してくれたのだから。

こうなると、朝のワインとエンパナーダの分もお腹を空かせておいた方がよかったかな、という気がしないでもない。しかし、せっかく食べ比べることにしたからには、エンパナーダを食べるチャンスはひとつなりとも逃したくない……。こうして、贅沢なようでありながら実はなかなかに過酷なエンパナーダ探究の旅は始まったのである。

食べ歩きはまだまだ続く

サンチャゴ・デ・コンポステーラでの最初の夜は、以前からの顔なじみのレストランでの夕食に招待された。

この店を最初に訪れたのは、まだ私も独身で若かった頃。ここで働いているセカンド・シェフも若い独身の男性で、料理のことを色々聞く私に、とても親切に教えてくれたものだった——などと懐かしく思い出しながら調理場をのぞくと、その彼はもういないらしい。入れ代わりの激しい料理人の世界では、それも当たり前のことだろう。なにしろ十年以上の時が流れているのである。それでも、年配のシェフが一人私のことを覚えていて、懐かしげに挨拶してくれる。

店の主人パコは前より少しふっくらと太ったようだが、いつもにこにこと頬を赤くして動き廻っている様子は初めて会った時から変わらない。

「時が経つのは早いねえ。あんたも結婚したのか、それもマドリレーニョ（マドリード生まれの男性）と！　どうして、御亭主を一緒に連れてこなかったんだい？　今度はぜひ二人で遊びに来てくれなくちゃあ……」

かつて、この店の調理場で料理人たちと肩を並べて働いていたのは、パコの奥さんのマリーナだった。彼女はどうしているの、と尋ねると、

「もう充分働いてくれたからね。そろそろ家でのんびりしてもいい時だと思って、調理場はやめさせたよ」

と言う。このレストランはれっきとした老舗だし、経済的には、彼女が働かなければならないという必要はないだろう。でも、調理場できびきびと働いていたマリーナはとても有能だったし魅力的だった。現在のスペインでは大勢のコシネーラ（女性の料理人）が第一線のレストランで活躍しているのだから、彼女にもあのままずっとがんばってほしかったな、という気もしないではない。

そして、そのお母さんの側で料理を手伝っていた、あの小さなおしゃまな娘さんは、と聞くと、

「もう結婚したよ」

という返事。たしかに、時の経つのは早いものである。

「久し振りのうちの料理、何が食べたいかい？」

とたずねるパコに、私が頼んだのはもちろんエンパナーダ。分厚いけれどさっくりと香ばしい皮。その皮を切ると、ザルガイにパプリカを効かせて適度な味つけをしたとろっとした中身があふれてくる――この店のそれは、長い年月が流れた今でもありありと印象に残っているほど、とびきりおいしかったからである。

期待をふくらませて待つ私の前に運ばれてきたのは、ちょっと珍しいイワシ入りのエンパナーダだった。皮は私の記憶通りにさっくりとおいしいのだが、問題はイワシに小骨がある。香ばしい皮を味わいながら時々口のなかから小骨をつまみ出さなければならないというのは、どうもはなはだ興を減ずるものがある。

若いハンサムなコックさんもいなくなったし、やさしい奥さんもいないし、私が感激したエンパナーダも変わってしまったのかしら、と内心ちょっとがっかりする。それでも、料理を色々と出して気持ちよくもてなしてくれたうえ、

「この町にいるあいだは、ここを自分の家だと思って、いつでも好きな時に食べにおいで」

と言ってくれるパコのやさしさに心和む思いで、私は店をあとにした。

この家族は、本当にいつも私に親切にしてくれた。まだほんの駆け出しで、スペイン料理のことを大して判ってもいない私の初歩的な質問に、いやな顔もせずに根気よく説明してくれたこと。料理の写真を撮りたいという私のために、忙しいなかで時間を作ってガリシア料理の数々を作ってくれたこと――私は今でも、パコ夫婦に心から感謝している。しかし私がそう言うたびに、パ

コはこう答えて首をふる。

「誰にでもこうするわけじゃない。気持ちよく振る舞う人にはこっちも気持ちよく接するし、敬意を払ってくれた人には敬意を返すだけだよ」

私が彼らに深い敬意を払うのは、ごく当然のことに過ぎない。それより、異国からの訪問者をこんなにも温かく受けとめてくれる「地の塩」ともいうべき人たちと出会えた私の方こそ、本当に幸運だと思う。

そんな彼らの友情を思えば、イワシの小骨などなんでもない。もし誰かに、サンチャゴの町で一軒だけレストランを紹介してくれと言われたら、私は自信を持って、そして誇りを込めてパコの店を教えるだろう。

私の泊まっているパラドールというところは、そもそも外国からの旅行者に便利なように工夫されているので、朝食もビュッフェスタイルである。普通、スペインの朝食といえばカフェ・コン・レッチェ（ミルク入りコーヒー）とトーストかチューロス（揚げ菓子）くらいだけれど、ここでなら朝から果物が食べたい人もハムエッグを食べる人も、シリアルがなくては困る人も、好きなものが食べられる。私は通常はこうしたビュッフェには興味がないのだけれど、一晩泊まった朝、珍しく朝食をとりに行くことにした。

ガリシア名物のお菓子、タルタ・デ・サンチャゴ（サンチャゴ風タルト）でも味見しようかとビュッフェのテーブルに近寄っていくと、その傍らにあるのは、何とエンパナーダではないか！

ここでは朝食にまでエンパナーダが登場するのか、といたく感激した私は、朝はコーヒーとパンだけという習慣を破って、かなり大きなエンパナーダを一切れ、席に持ちかえった。

ここのエンパナーダは、なかなかいい出来ばえだった。やや厚めの皮、貝の味を生かした中身、共に標準以上の出来ばえといっていい。しかしやはり――朝のコーヒーとエンパナーダというのは、何としてもしっくりしない。こってりと濃厚で油分も多いこの料理は、一杯のワインとこそ相性がいいけれど、朝の胃袋に適しているとは言いがたい。私は持てる限りのスペイン料理への情熱をかきたてて、やっとその一切れを食べ終えたのであった。

ここまで来ると、これはもうアンブレ（空腹）でもなければアペティート（食べたいという気持ち）でもない。ただただ、この旅のあいだに出合うエンパナーダは全部食べるのだという固い決意から生まれた、執念でしかない。そしてこの度を過ぎた執念は、当然のことながら、あとになってツケがまわってくることになった。

朝食から数時間後。町の写真を撮るために歩きまわってから、いよいよ取材先のレストランを訪れた私は、招待された昼食を目の前にして何も食べることができない、喉を通らないという事態に直面したのである。

そもそも今回の旅の本来の目的は、このレストランのオーナーでありシェフでもある、トニ

（アントニアの愛称）という女性の取材である。そこで私のサンチャゴ滞在の二日目から五日目までのすべてのスケジュールは、彼女に合わせて組むことになっていた。その彼女のレストランをいざ初めて訪問し、

「インタビューもいいけれど、まずは私の料理を食べてちょうだい！」

というトニの気さくな言葉に感謝してテーブルについたというのに、運ばれてきた彩りも鮮やかな料理の皿を見ても、何の食欲もわかない。それどころか、食べ物の匂いを嗅いだだけで、めまいまでしてくる。私はすっかりあわててしまった。

トニが気を悪くするのではないか、もう作ってしまった食事を断るのは礼儀知らずと思われないか、などとひと通り逡巡したあとで、私はごく当たり前の結論に達した。ここでこれ以上気持ちが悪くなったり倒れたりしたら、事態はもっと悪くなるだけではないか。とはいうものの、まさかエンパナーダの食べ過ぎで気持ちが悪いなどと恥ずかしいことを白状するわけにもいかない。

「風邪気味らしくて、熱っぽくなってきました。大変申し訳ないけれど、お食事の招待を明日まで延期していただけませんか？」

トニは、薬をあげようか、何か欲しいものはないかなどと心配してくれたうえで、ふらつきながらレストランを退散する私に翌日のインタビューと食事を快く約束して送り出してくれた。

それから半日。私はホテルの部屋でマンサニージャ（カモミールの花を乾燥させたお茶、胃の調子の悪い時に効くといわれる）を飲みながら、エンパナーダ攻撃に疲れ切った哀れな胃袋を休

ませることに専念した。

しかしその翌日は？　もちろんすべての料理に、とりわけすべてのエンパナーダに挑戦するという目標に向けて、再び私の戦いが始まった。

ただし興味深いことに、スペインでもっとも名の知られた女性シェフとして評判の高いトニのレパートリーのなかには、ガリシア中どこのレストランでもバルでも必ずあるといってもいいエンパナーダは、まったく含まれていなかった。そしてそのことが、彼女の料理に対する姿勢そのものを象徴するひとつのシンボルでもあることに、やがて私は気付いていくのである。

新しいガリシア料理とは？

サンチャゴ・デ・コンポステーラの町でエンパナーダに出合うことは、ごくたやすい。なにしろこの料理は、ガリシア一番の名物と言ってもいいくらいポピュラーなのだから。むしろ難しいのは、この料理のないレストランを探すことだろう。

しかし、私がはるばるマドリードから訪れたトニのレストランには、エンパナーダは影も形もなかった。

「ガリシア料理と言えば、エンパナーダが出てくると信じている。ホタテガイと言えば、殻に入れてパン粉をのせて焼いたのが出てくると信じている。ガリシアの人たちのそういう思い込み、そしてその惰性に甘えてきたここの料理人たちの固定した物の考え方が、私はいやなの！」

レストランの主人であり、調理場を取り仕切るシェフでもあるトニの口調はなかなか激しい。彼女のインタビューを載せたスペインの雑誌が、そのなかで彼女をジャンヌ・ダークに譬えてみせた、というのもなんとなく理解できるような気がしてくる。

たしかに彼女のレストランでは、ここガリシアではお決まりと言っていい「ビエイラス・エン・ス・コンチャ（殻入りの帆立貝）」は出てこない。ホタテガイは薄くスライスされ、ほんのわずか加熱しただけでほとんど生のままサラダの上に載せられて出てくる。

かつてトニがこの料理を初めて披露した時の一部のお客の反応は、

「出来たら、ごく普通の帆立貝が食べたいんだけれど……」

というものだったという。

ガリシア人の悪口を言うわけではないが、この地方の人たちは昔から、頑固で保守的という評判を博してきた。エンパナーダのないレストラン。ホタテガイが生で出てくるレストラン——多くの人々が怪訝そうにトニを異端児扱いしたのも、当然のことだろう。

しかし、彼女は屈しなかった。それどころか、国内外の料理人のコンクールで次々と賞をかち取って注目を集め、ついには、ガリシアでもっとも有名な新進シェフとしての座についたのである。

とはいえ、この町の人の全部がトニの主義に感服したわけではない。趣味のいいインテリアで心地好く演出された、いかにも彼女らしい雰囲気のレストラン。そこを訪れる客層は、昔ながらのエンパナーダと殻入りのホタテガイに飽き足らずにガリシアのジャンヌ・ダークのファンとなった、ごくごく選ばれたエリートたちと言ってもいいだろう。

メニューには、感性豊かなオリジナル料理の数々がそろっている。これもまた、ガリシア料理の新しいひとつの形として定着していくだろう、と確信させるだけの豊かさとみずみずしさを持った料理のいくつかを試したあと、私もトニのファンの一人となったことを自覚したのであった。

トニが忙しいという週末、私は郊外へでかけることにした。

まず土曜日は、漁村巡りへ。ガリシア独特の曇り空、時折雨がぽつぽつと降ってくるドライブは余り陽気とは言えないけれど、私がこの日のために頼んだタクシーの運転手さんは、そんな天気をものともせずに楽しげにおしゃべりを続けたので、結局とても賑やかな一日となった。

濃い灰色の空の下の漁師たちと小舟。ムール貝の養殖のための木枠の並ぶ、同じく灰色の海。名も知らぬ黄色い花の咲き乱れる野原。オレオ（穀物収納用の倉）の点在する畑……。私は、昔ながらのガリシアの海岸線の風景を存分に楽しんだ。

しかし、陽気な運転手さんが理解に苦しんだのは、普通の観光客が必ず感激するような場所に連れていっても私がちっとも興味を示さず、むしろ彼には何の変哲もない景色に見える野原やぱっとしない漁港などでばかり写真を撮りたがるということだったらしい。その日の終わりに彼は、私にこう宣言した。

「セニョリータ、あんたの行きたい所っていうのは、どうも私にはよく判らないらしい。明日はもう私は何も言わないから、どこでも写真を撮りたいところがあったら言ってください、車を止めるから」

日曜日の朝、私は今日の予定を説明した。

「パドロンに行って、ピーマンの生えている畑を見たいの」

運転手さんは、前日の覚悟にもかかわらずやはりびっくりした。

「長年タクシーをやってるが、ピーマンを見にわざわざパドロンまで行くっていうのは、あんたが初めてだよ！　うちに帰ったら、女房に話してやらなくちゃ……」

パドロンのピーマンというのはスペインのピーマンのなかでもやや変わり種で、日本のシシトウによく似ている。色は緑色、形は細長く、時々ぴりっと辛いのに当たるところまでそっくり。私にとってパドロンという町の名前は、ひとえにこのピーマンゆえに有名なのである。

しかし、運転手さんは違うという。

「パドロンで一番有名なのは、詩人のロサリア・デ・カストロだよ。観光客を乗せてパドロンの方を通るコースにでかける時には必ず、ロサリアの住んでいた家に設けられた記念館に連れていくことにしている。あんた、彼女がパドロンの出身だって知らなかったのかい？」

思いがけず文化的な反論をぶつけられた私は恐縮し、ピーマンの畑のあとで記念館も見に行くと約束したうえで我々はパドロンへと出発した。

しかし、観光におけるピーマンの重要性は否定したとはいえ、さすが運転手さんは土地っ子、ピーマンについてよく知っていた。たとえば、この種のピーマンの苗に水をやる時には、根元だけに水をかけるようにしなければいけない、という。時々出合うあのぴりっと辛いピーマンは、葉にまで水をやってしまったピーマンなのだそうである。

パドロンの町の手前で、運転手さんは国道から山道へと曲がった。この先にピーマン畑の風景が広がっているはずである。

しかし、いざ到着した畑には背の低い苗のようなものが生えているだけで、どこにもピーマンの姿はない。ビニールハウスのなかまで覗き込んでみても、やはり何もない。畑に向かって歩いてきた娘さんに、ピーマンはどこにあるんですかと聞くと、呆れたように眺められた。

「この苗がそうよ。実が実るにはまだ早すぎるわ。来月にならないと。でも、町の市場に行けば苗が沢山見られるから、行ってみれば？　今日はちょうどフェリアの日だし」

ピーマンの時期に早すぎたというのはなんとも残念だが、フェリアという言葉が私の耳を捉えた。

フェリアとは祭りとか催しのことであり、こういう村のフェリアと言えば青空市場が出て屋台が並び、移動遊園地があったりする大層賑やかなものに違いない。そしてそういうフェリアは、私の大好物なのである。人々の賑わい、ここでなくては見られない地方独特の産物、ちょっとつまんだり飲んだりする店——こんなにも心はずむものがあるだろうか！　私は内心考えた。もうこれで、ロサリア記念館を見に行く時間はなくなったな、と。

その日私は、大好きなフェリアで三時間余り心ゆくまで楽しんだ。市場では、いかにも農家から売りにきたらしいおばさんがずらっと並んで、籠に入れたピーマンの苗を売っていた。ここの地元の人たちはこれを買い、庭に植えてピーマンが実るのを待つわけである。

次は昼食。このパドロン出身のノーベル賞作家、カミロ・ホセ・セラもごひいきというレストランでは、オーナーのホセがボリュームたっぷりのメニューに腕をふるってくれた。

彼も創作料理に興味がないわけではないが、トニと違って伝統料理も否定しない。そこで彼のメニューの出だしは、当然のことながらエンパナーダだった。

彼はこの地域での昔の作り方を復元して、トウモロコシの粉で皮を作っている。ちょっとぱさつくような、でも口のなかでさっくり崩れるとトウモロコシの香りが広がってなかなかおいしい薄い皮。パプリカのよく効いた貝を使った中身。これはこれで、よくまとまった一皿になっている。新しい料理にも知識のあるシェフが伝統料理に取り組むとこうなる、というひとつの優れた見本といってもいいかもしれない。

サンチャゴ・デ・コンポステーラへと戻る前に、運転手さんの切なる要望にこたえてロサリア・デ・カストロの記念館に五分だけ寄ることにした。いくら食への情熱に燃える私でも、この運転手さんに後々まで「私が乗せた客のなかで、日本人一人だけが詩人の記念館を見ないでピーマンとエンパナーダだけで満足して帰った！」と言われるかと思うと、いくらかひるんだのである。

結局そのひとときは私にとって、心地よい休憩になった。孤独に研ぎ澄まされたような難解な詩を書くこの女流詩人が夫と住んだという家は、花の咲き乱れる庭を見下ろす、古風な田舎家だった。ひんやりとして静かな家のなかを一通り眺めたあと、藤棚に花がこぼれ咲く下で、私はガリシアの涼やかな午後の風を味わうことができたから。


ガリシア滞在の残りの時間はトニとの取材で慌ただしく過ぎ、最後の夜、私はもう一度昔なじみのパコのレストランを訪れた。

その日、パコが出してくれたのはザルガイのエンパナーダ、それも私が覚えていた通りの素晴らしいエンパナーダだった。さくっと口のなかでとろけるような皮の風味、貝の味とタマネギの甘みの見事な調和が、食べ飽きることのない味のハーモニーを生み出している。

数えてみれば六日間の滞在で、合計九種類のエンパナーダを食べた。そのなかにはパコの弟のモンチョの店で食べさせてもらった、これも忘れがたい味のランプレア（ヤツメウナギ）のエンパナーダもある。しかしそれでも私にとって最高のエンパナーダは、結局は最初の出発点であるパコの店にあった。旅の終わりで青い鳥に出合ったような、ほのぼのとした嬉しさを感じながら、私はコンポステーラ（星の野原）に別れを告げたのだった。

アルカンタラ風ウズラ料理のルーツは？

——エストゥレマドゥーラの修道院へ——

修道院と料理

比較的最近までヨーロッパのなかでもカトリック色の濃い国のひとつであったスペインに、沢山の修道院があるのは当然のことだろう。修道院の財産が没収されてそれまでの豊かさを根こそぎ奪われてしまう一八三七年の改革まで、各地の修道院は華やかに栄え、なかでも大きな修道院は思う存分その勢力を誇っていた。しかし修道院ないしは教会は権力者であっただけではなく、同時にまた中世スペインの社会のなかで様々な重要な役割をも果たしていた。

学問の拠点として。カタルニア地方のポブレを始めとする各所にもカスティーリャ地方トレドにも、およそ当時の文化の中心であったと覚しき所では、教会や修道院が保存していた膨大な文献やそれを研究していた僧たちの多さが記録されている。

科学研究の場として。薬草の研究、植物の研究、その他様々な科学的試みの場としても——たとえ科学と宗教がとりあえずは相反する形で時の流れを進みつつあったにしても——修道院は貴重な存在だった。

例えばアメリカ大陸に到達したピサロ率いるスペイン人の一隊が、ペルーのインディオたちが「パパ」と呼んで常食にしていたジャガイモを目にとめ、まもなく本国に持ち帰ったのが十六世紀中頃のことである。インディオたちはこれを大切な資源として充分に活用して食べていたけれど、持ち帰ったスペイン人はよく理解していなかった。それまでのヨーロッパに、こういうタイプの根菜はなかったからである。

そういう未知のものは、まずは修道院に届けられる。そうして調べた結果、最初は「この植物の根は痛風の薬として使えるようだ」とローマ法王に報告し、次には「これは食用に耐えうる」と判断して、ヨーロッパで最初に食用としてジャガイモを栽培するよう奨励したのは、ガリシア地方の一修道院だったといわれている。

あるいはまた、各地の修道院がリキュールやワイン作りに従事していたことも挙げなければならないだろう。こういったアルコール飲料作りは、形としては薬を作るという一連の仕事のなかに組み込まれていたものと思われる。現に薬用酒として修道院で発明された様々なリキュールは、今も各地で受け継がれている。また、ミサのためのワイン作りからスタートしたと思われる修道院でのワイン作りに関しては、現在ではワインを現実に作っている修道院はなくなったものの、当時ワイン用に丹精されたブドウ畑は今も各地に姿をとどめている。

話が飲み物や食べ物に係わってくるなら、女子修道院と菓子の結びつきも忘れるわけにはいかない。初め修道院が豊かであった時代に、寄進してくれる信者にお礼の意味で贈るために、菓子を作る、という習慣が始まった。それぞれの修道院に自慢の菓子が生まれ、貴族たちはクリスマスや復活祭といった行事のたびに、修道院から届けられるそれらの菓子を楽しみにしていたという。そして修道院が財産を奪われて貧しくなったのちには、こういった女子修道院の菓子作りは男子修道院のワイン・リキュール作りと並んで、思いもよらなかった貴重な生計の道となったのである。

一方、修道院の料理は別に名物だったわけでも生計の手段だったわけでもない。ただ、宗教が庶民を直接支配していた時代には、修道院は人々に対して、一種の生活指導をする役割も果たしていたと思われる。

例えば、毎週金曜日の精進の日にどういうものを食べるべきか。復活祭までの四旬節の期間、どんな献立を組むべきか。そういう食生活の手本として、修道院の料理というものも人々の目に触れるところに存在したのではないかと考えられるのである。

ここ数年、スペインではちょっとした「修道院ブーム」が起こっている。ひなびた宿に泊まるという流行の一端として、宿泊させてもらえる修道院をリストアップしたガイドブックが出版されたのを初めとして、お菓子を作る女子修道院を地域別に紹介するガイドブックまでできて、そういう資料がなかった時に苦労して調べなければならなかった私を悔しがらせている。そしてとうとう、修道院の尼さんによるお菓子の作り方の本、著名な修道院のお坊さんによる料理の本まで登場した。どちらもベストセラーになっている。

このブームのおかげで、わずかながら嬉しい余波もあった。数々の図書館を尋ね歩いてもなかなか入手できなかった古い修道院の資料のいくつかが、昔の本の復刻版、または現代語訳という形で出版されたのである。そのなかで『あるイエズス会士の料理に関する覚書』という本などは、かつて私がマドリードのさる大学の図書館で随分苦労してそういう本が存在するということを見つけ、その図書館の館長であるイエズス会士の神父様の助力でやっとグラナダの大学からコピーを手にいれたものであっただけに感慨が深い。

こういう時代に関しては、資料を見つけること自体がすでにひとつの成果といえる。たとえば、清貧をモットーとしていたイエズス会の僧が、その時代にすでに何らかの意図を持って料理書を書いたということ自体が興味深い。その疑問を追っていくと、ほぼ同時期にカタルニアの修道院で書かれたと思われる、やはり十八世紀の料理書に出合う。

この本の前書きにははっきりと、「新米の僧たちが、五人分の料理を作るために二十人分の材料を下拵えしたりしてしまわないように」「質素な食事をより能率よく作るために」などと細かい心得書きのようなものが記されていて、この本が修道院内で食事を作る係になる新米の僧たちのための一種のマニュアルだったらしいということが分かる。そうすると、宗派が違うとはいえイエズス会の本も、それに近い性格のものなのではないかと類推できることになる。そう思って改めて読んでみると、最初には分からなかった部分がいくらか分かってきたりする……。

決して古いスペイン語を読むことが専門でも得意でもない私が、こういう本を苦労してでも読んでみたいという気になるのは、そこに一種のミステリーを読み解いていくようなスリルがあるからだと思う。

この章に登場するウズラ料理にも謎がある。修道院を起源とする料理だという風説は事実なのか？　さらにまた、精進のメニューでもないし質実剛健の手本になるような料理でもない、こんな贅沢な料理を修道院で本当に食べていたのか？　もしそうだとしたら、人々の規範として示していた質素な部分と、内部に存在していたらしい贅沢な部分と、そのどちらが真の姿なのか、あるいはどちらもが真実の二つの顔なのか……？

このミステリーには作者はいないので、最後の結論は書かれていない。歴史というミステリーでは、興味を持ったそれぞれの人に、好きな答えを探す自由があってもいいのではないだろうか。だからこのアルカンタラの謎も、結論は読者一人ひとりの好みに任せたいと思う。

エストゥレマドゥーラへ

スペインには、カサ（狩猟）を趣味とする人々が大勢いる。海があれば釣りを趣味とする人たちがいるように、野山があり、そこにまだまだ野生の鳥や動物が住むこの国では、ごく自然に狩猟を楽しむ人がいるということだろう。かつてこの国では、狩猟を趣味として楽しむことができるのは貴族や大地主たちに限られていた。しかし現代では、ごく普通の庶民でも猟銃と狩猟の許可証さえ持っていればカサに参加できる。場所も、昔のように私有地を囲って作ったプライベートなコト（狩猟場）ではなく、公共のコトがある。そして勿論、仕事として狩猟に携わる人々も沢山いる。なんといっても、狩猟の目的であるところの様々な動物の肉は、スペインの食卓になくてはならない食材なのだから。

ペルディス（ヤマウズラ）という野鳥は、それらの獲物のなかでもスペイン人に特に好まれるもののひとつである。コドルニス（ウズラ）と違ってほとんど養殖されないので、秋から冬にかけての解禁期には、プロの猟師も趣味で猟を楽しむ人たちも、この野鳥を打ちに一斉に山へとでかけていく。ペルディスの捕れる狩猟場はスペイン各地にあり、その証拠には様々なペルディスの地方料理がある。

いや、正直に書こう。ペルディスがスペインの食卓によく登場するというのは事実だが、「様々な料理」があるというのはスペイン料理研究家としての私が無意識に使う、いわば社交辞令ともいうべき表現でしかない。実際にはペルディスの料理法などというのは、五本の指で数えても指の方が余ってしまう。

たしかにスペイン料理は地方ごとにはっきりと異なる個性を持っていて、そのそれぞれを深く知れば知るほど面白くなっていくのだけれど、一方で、基本的な調理法というのはごく数種類に限られているのも事実。この素材にはこの調理法、と決めてしまったら、そこから微動だにしないところにスペイン人の頑迷なまでの自尊心がある。

ペルディスの場合には、野菜と一緒に蒸し煮にするというのが十のうち八か九までを占め、残りはエスカベッチェと呼ばれる古風な酢漬けとなる。トレド風とかアストゥリアス風などと区別されていたところで、煮込みにニンジンが入るか入らないか、ワインで煮込むかシドラ（林檎酒）

で煮込むかといった程度の違いに過ぎない。すなわち、ことペルディスに関しては、「この国では良質の野鳥がふんだんに入手できる割りには、料理としては一向に見るべきものがない」という、かのフランスのアレクサンドル・デュマの意見に、私も全く同意するものなのである。

ところが、常日頃そう公言してはばからない私に、マドリードの友人の一人ペドロが、こんなことを言い出した。

「エストゥレマドゥーラには、『ペルディスのアルカンタラ風』という有名なペルディス料理があるじゃないか！　しかもあれは、君の大好きな修道院の料理だよ」

女子修道院を巡るというテーマで本を書いて以来、私は何故か修道院が大好きということにされていて、しかもそれはあながち間違いでもない。修道院ときくとすぐでかけていきたくなるのは、事実である。横から編集者のマグダレーナが口をはさむ。

「あれはフランスの料理書にも載っている有名な料理なんだから、スペインに優れた野鳥料理がない、というのは言い過ぎよ。あなたがぜひ、取材すべきね！」

確かに、ペルディス料理で一番有名なのは、アル・モード・デ・アルカンタラ（アルカンタラ風）と呼ばれる料理だろう。アルカンタラというのは、エストゥレマドゥーラ地方の小さな村の名前である。

但し有名といっても、スペインのどこのレストランでも食べられるという意味で有名なのではない。料理の世界ではスペインの先輩格にあたり、スペイン人も内心では大いにライバル意識を持っているところの国、かのフランスで有名なのである。フランス料理の教科書といってもいいほど権威のある『エスコフィエの料理書』に、ペルディスの代表的な調理法のひとつとしてこの「アルカンタラ風」が載っているというのも事実である。そこでスペイン人は、鼻高々でこう言うのである。

「ほら、見てごらん。フランス料理の方がスペイン料理より歴史があるとか言うけれど、彼ら御自慢のペルディス料理は、アルカンタラ生まれじゃないか。それをフランス人が持って帰って、向こうで広めたのさ。コシード（野菜と肉の煮込み料理）はポトフに、サルスエラ（魚介類のシチュー）はブイヤベースに、どれもスペイン料理を持っていって、フランス人がやったのは名前を変えただけなんだよ！」

この論議全体の是非はともかくとして、本当にスペインの片田舎で生まれた料理がフランスまで伝わったのだろうか？　もしそうだとしたら、アルカンタラ風のペルディスとは、元々はどんな料理だったのか？　今でもアルカンタラでは、その料理を作っているのか？……

これはなるほど、取材にいく価値のあるテーマかもしれない。それに「アルカンタラ」という名前の響きは、それだけで私に旅を思わせた。遠い山野を越えたかなたへ、修道院の神秘のとばりの向こうへ、ペルディスの載った皿を捜してさまよう私の旅を。

そんな私に「アルカンタラのペルディスの謎」を解くチャンスが与えられたのは、マドリードの秋が深まっていくある日のことだった。

とある料理人コンクールで出会って友達になったトーニョが、電話をかけてきたのである。

「近いうちに、僕のレストランに遊びにおいでよ。秋のメニューがちょうど揃ったところなんだ。秋のエストゥレマドゥーラは好きだろう?」

トーニョはここ数年注目されている若手の料理人で、料理の世界では無名だったエストゥレマドゥーラ地方の評価を飛躍的に高めた、才能ある若者である。繊細な感性と洗練された趣味を持つ彼がすっかり気に入った私は、近いうちに彼のレストランを訪れる約束をしていた。そのトーニョのレストランがあるのはカセレス。そしてアルカンタラは、カセレスからほんの少し西に向かった所にある。

地元の料理人であるトーニョの助けを借りれば、アルカンタラのペルディスを捜すのにも何かと便利かもしれない。

こうして私はマドリードからカセレスへと向かう列車に乗りこみ、ペルディス料理探訪の旅は始まったのである。


エストゥレマドゥーラというのは、不思議な地方である。スペインというヨーロッパの外れにある国のなかでも、さらに僻地。山ばかりで交通の便も悪い。コロンブスに続いてアメリカ大陸の征服にでかけていった男たち——ピサロやコルテス——が軒並みエストゥレマドゥーラ出身であったという事実も、この一帯が古来、出稼ぎに出ていかざるを得ないような貧しい土地であったことを物語っている。それでいて、実際にこの地方を旅している時に感じるのは、決して単なる侘しさや貧しさではなく、一種独特の豊かさとも呼ぶべき魅力なのである。

メリダの劇場跡をはじめとして点在するローマ時代の遺跡は、このあたりが決して文化果つる地ではなかったことを証明している。ローマ時代の舗装道路の名残は、ここを往来した軍隊や豊富な物資を想像させる。グァダルペには大修道院がその権勢を誇った時代があったし、ユステでは引退した国王カルロス一世がその生涯最後の数年を過ごした。食を語るなら、モンタンチェスの生ハムがあり、カニャメーロのワインがある。天然の樫の林とオリーブの畑が交互に織りなす風景には、鄙びてはいても豊かでおおらかな風情がある。

カセレスは、そんなエストゥレマドゥーラのなかでもとりわけ美しい、古い静かな町である。タルゴ（特急列車）がカセレスの駅に着くと、私は荷物をホテルに放り出して、早速この大好きな町の散歩へとでかけた。

この町の昔からの中心は、小高い丘になっている。この丘全部が、最低でも数世紀、古いものはローマ時代にまで遡るという建物で埋め尽くされているのである。小さな広場から広場へ、教会から教会へと石段伝いに辿るこの丘の散策は、カセレスの魅力のひとつ。坂道の登り降りでお腹を空かせるのは、そのあとの食事をおいしくするための賢い方法でもある。

丘の上を軽くひと廻りしてマジョール広場で食前の散歩を終えた私は、いよいよトーニョの待つレストランへと向かった。彼の店は町の新しい部分の中心近く、しゃれたブティックやカフェの並ぶ一角のモダンなビルの一階にある。

しかし、レストランに一歩入った私は思わず感嘆の溜め息をついてしまった。クラシックで重厚なインテリア。そこここに飾られた古い版画や食器類――何気ない店の外観に反して、内部はいかにもトーニョらしい趣味の良さと徹底した気配りで、見事に演出されていたからである。その店の奥から、ちょっと尖った耳と華奢な体格がどこかいたずら好きな妖精を思わせるトーニョが、いつものおだやかな微笑を浮かべて現れた。

早速、私は彼に相談してみることにした。

「実は今回の旅は、あなたの料理を食べることの他に、もうひとつ目的があるの。『アルカンタラ風のペルディス』というのをぜひ、食べてみたいんだけれど……」

「それなら問題は解決だよ。これから、僕の作った正真正銘十八世紀風ペルディス・アル・モード・デ・アルカンタラを食べさせてあげるからね」

なんとトーニョの秋のメニューには、私がはるばる捜しにやってきたその料理が、ちゃんと載っていたのである！　エストゥレマドゥーラに着いてすぐに目的の料理に出合えるなんて、ちょっと簡単すぎてあっけないくらいである。勿論私は、彼のペルディスを御馳走になることにした。

彼が用意してくれた食事は、小皿をいくつも並べた楽しいエントレメセス（オードブル）から華やかな演出のポストレ（デザート）に到るまで、濃やかな神経が行き届いた構成で、しかも一皿ずつに彼の個性が充分に表現されていて素晴らしい出来だった。

そして肝心のペルディスは？　全体に軽やかで食べやすいトーニョの料理のなかで、この料理だけはずっしりと食べ応えがあった。二世紀ほども前のレセタ（料理の作り方）に敬意を表して、彼は敢えて忠実に再現する道を選んだのだろう。野鳥の肉はたっぷりと甘いワインを吸って柔らかく煮込まれ、そのなかに様々な内臓を混ぜて作ったらしい濃厚な味のパテのようなものが詰め物として入れられている。

「エストゥレマドゥーラは、君も知っているように昔から修道院が沢山あって栄えた地方で、修道院の料理が発達していた。だから、このペルデイスが当時アルカンタラの修道院で生まれた料理だったというのは、充分頷ける話だよね。

そこへナポレオンの軍勢が押し寄せてきた。その時、アルカンタラの町に駐屯した部隊を率いるジュノー将軍が、この料理のレセタを見つけてパリにいる奥さんに送った。それがパリですっかり流行になり、『アルカンタラ風』と呼ばれるようになった、と言われている。

エピソードの真偽のほどは僕にも分からないけど、このレセタの原型は昔からエストゥレマドゥーラにあったものだよ。僕の今回のメニューでは、エスコフィエよりはむしろ、当時のエストゥレマドゥーラらしさをできるだけ忠実に再現したつもりなんだ」

なるほど、彼の説は筋が通っている。この料理がエストゥレマドゥーラ生まれ、しかもアルカンタラの修道院生まれのものである可能性は高い。こうなると、早速アルカンタラの村に行ってみなければなるまい。

カセレスに着いて早々、一羽目のペルディスが食べられたのはとても幸運だった。アルカンタラでは、どんなペルディス料理が待っているのだろうか？　その夜私は、ウズラ料理の皿が果てしなくずらっと並んで私を歓迎しているという、嬉しいような恐ろしいような光景を思い浮かべながら、エストゥレマドゥーラでの第一夜を過ごしたのだった。

栄華の夢のあと

「アルカンタラの村には、かつて修道院だったという建物があるだけで、あとは何もないよ。それにアルカンタラ風のペルディス料理を食べられるような、ちゃんとしたレストランもない。それでも君はアルカンタラまで行くつもりなの？　そういう熱心さ、やっぱり日本人だなあ……」

カセレスの町一番のレストランのシェフであるトーニョは、呆れたように——あるいは感心したように私を見ながら溜め息をついた。勿論、私は行くつもりである。

スペインの西の外れと言ってもいいエストゥレマドゥーラの、そのまた西の外れ近くにアルカンタラの村がある。カセレスからは六〇キロ程。ほかに便利な交通機関があるとも思えない——もちろん、観光客が続々訪れるというような場所でもない——ので、私はタクシーでの日帰り旅行を計画していた。

タクシーの運転手さんと「朝九時にホテルの前で。ただし、雨が降っていたら中止」と約束したその朝、私がホテルの玄関を出た途端に雨が降り出した。しかし、いつものことながら慌ただしい日程で旅をしている私としては、どうしても今日のうちにアルカンタラに行きたい。雨空を見上げて悲しそうな顔をしている運転手さんに挨拶して、私は車に乗り込んだ。

「いいのよ、これくらいの雨なら。途中で晴れるかもしれないし。大丈夫よ、行きましょう」

この天気で写真が撮れるのだろうか、と我がことのように心配してくれている生真面目な運転手さん、ラファエルを私の方が励ましながら、私たちの車はカセレスから西へ、ポルトガルとの国境近いアルカンタラの村を目指して出発した。

国道を折れると、田舎の村と村を綴っていく細い道が始まった。

「この道の途中に、私の育った村があるんですよ。親父は今でも、畑仕事をしたり豚を飼ったりしています。収穫で忙しい時やマタンサの時には、私も仕事を休んで手伝いに行くんです」

いかにも実直で真面目そうなラファエルが、ぽつりぽつりと話してくれる。寒い季節に豚を屠殺して、その肉から生ハムやら腸詰め類を作るマタンサという行事は、かつてはスペインのどこの村でも見られる冬の風物詩だった。今では、大きなハモン（生ハム）工場や協同組合のような組織に豚を売ってしまう農家も多くなったとはいえ、自分のうちで食べる分くらいは作る、という人たちもまだまだ多い。

畑の合間を縫うように樫の林が続く。そういえばこのあたりは、樫のどんぐりを食べて育つかの有名なイベリコ種の豚の産地でもある。

イベリコ種というのは、色黒ですらっと背が高く、顔は尖ってややイノシシに近い感じもするスペイン独特の豚の品種である。この種の豚は、全体の三パーセントにも満たないわずかな数しかいないのでとても珍重される。何故珍重するかというと、この豚で作る生ハム、すなわちハモン・イベリコは生ハムの最高峰ともういうべき素晴らしい味だからである。そしてなおかつ、毎日せっせと山のなかを歩かせ樫のどんぐりを食べさせて育てたイベリコ種の豚の肉を、長い時間をかけてじっくりと熟成させて作るハムはハモン・イベリコ・デ・ベジョータと呼ばれ、これはイベリコのなかでも更に最高、もうこれ以上はないという芸術品のようなハムになる。そういう素晴らしいハムの素材となる豚が、このあたりに放牧され、どんぐりを食べて優雅に暮らしているのである。

以前この地方に来た時、このイベリコ豚の写真を撮ろうとして思わず高速道路上で停車し、高い罰金をとられたことがある。駐車違反を取り締まる熱意、という点ではスペインの警察も人後に落ちない。

その話をすると、ラファエルは熱心に豚を捜し始めた。そして、今朝からの雨で出来たぬかるみに嬉しげに座り込んでいるイベリア種らしき豚の一群を見つけた時には、私と一緒に車から降り、豚が写真を撮りやすい場所に来るよう、懸命に追い立ててくれた。

私は、感謝の印として彼に出来上がった写真を送ると約束した。ラファエルの家族が豚の写真を喜んでくれるかどうかは自信がないが、少なくとも、彼の熱心な仕事ぶりに心から感謝しているハポネサ（日本人）がいるということだけは判ってもらえるだろう。

朝からしとしとと降り続いていた雨が、降り飽きたかのようにしばし上がった時、車はアルカンタラの村に着いた。細い石畳の道の両側に古い家々が並ぶ、中世そのままに時の止まったような静かな小さな村。ここが、アルカンタラ風ペルディス料理発祥の地なのである。

しかしラファエルは、このあたりの生まれ育ちなのに、修道院という所は行ったことがないと言う。村の人に尋ねながらやっと行き着いたのは、古い大きな建物の前だった。なるほどそれは半分廃墟になりかけたような建物で、村の人々が礼拝に来る教会でもなければ、修道僧の暮らす現役の修道院でもない。何も知らずに眺めたら、ただ荒廃した古い石の建物が――それも、外見からは何とはなく猛々しい威圧感を与えるばかりでさほど美しくも見えない建物が、高く聳えているばかりである。

しかもなお、その建物の一部を修復しているらしく、ほこりっぽい入り口の両脇にはブロックやレンガが積まれて工事をする職人さんたちが出入りしている。ユステの修道院のように寂れてはいてもなお、威厳と風格を保った姿でもなく、勿論グァダルペのような活動を続けている大修道院の張り詰めた空気や時を刻む鐘の音もない。ペルディス料理の幻どころか、ここが栄えていたということを想像させるような雰囲気さえない。

いささかがっかりして佇んでいる私のところに、都会的なファッションに身を包んだ若い女性が近づいてきた。

「あなたがマリね？　トーニョから、あなたが来たら案内してあげるように頼まれたわ。私はコンチャ。まずは私のオフィスにいらっしゃい」

今この修道院の建物を所有しているのはとある財団で、その財団のオフィスにトーニョの友人であるコンチャがいるおかげで、私は現在一般には公開されていないこの建物に入ることができたのである。

彼女の案内で私は、瓦礫の山のような建物の内部に足を踏み入れた。やや憮然とした面もちであたりを見回している私を見て、コンチャはにやっと笑った。

「あんまり汚いんで、がっかりしたんでしょ？　安心して。今あなたが見ているのが、これから修復する一番破損のひどい部分だから。奥の方はかなりきれいになっているし、財団が宿泊施設や宴会に使っている部分はすてきなのよ……」

歯切れのいい標準語でぽんぽんとしゃべるコンチャは、鄙びた村の修道院で、浮世離れした修道僧に迎えられて――というような私の空想の世界を一瞬にしてくつがえした。とはいうものの、親切なトーニョの紹介があったからこそ、私はこの快活なガイドを得て修道院の建物を見学することができるわけである。

「ここは静かでしょ、あなたのようなお客様は大歓迎よ。財団の人たちが来る時以外は、とっても暇で退屈なんですもの！」

と笑いながら、彼女は先に立って、建物のなかを案内してくれた。

「ここは修道院といっても特殊で、オルデン・ミリタル（騎士団）の拠点だったの。でも百年近く前に騎士団が有名無実のものとなってからは、村の人たちが倉庫代わりに使ったりして荒れ放題だったので、うちの財団が買い取って保護することにしたわけ」

騎士団というのは宗教がらみの軍隊のようなもので、スペインではレコンキスタ（国土回復運動）の時期にガリシアのサンチャゴ騎士団、カスティーリャのカラトラバ騎士団などが生まれ、権勢をきわめた。中世スペインで国家権力と宗教、さらには軍事力までもが、いかに密接に結びついていたかというひとつの例でもある。

ここアルカンタラはスペインとポルトガルの国境に近く、なおかつ大河タホ川に面しているため、軍事上重要な拠点としてその価値は大きかった。修道院の内部では、ミサと同じくらい頻繁に戦略会議が開かれ、僧侶であると同時に政治家として発言権を持つ人々が、国の将来を論じていたのである。権力の有る所に美食あり。この僧院に集う人々が、当時の庶民には手の届かないような料理や酒に舌鼓をうっていたとしても不思議はない。そのうえ当時の有力な修道院は、極めて広範囲な料理のレパートリを持っていることが多かった。各国の王侯貴族たちが、それぞれのコシネーロ（料理人）を連れて足しげく訪問したからである。そういった状況を考えると、ここでペルディス料理が生まれたとしても不思議はない。

そこへ、ナポレオンが登場する。ナポレオンの軍勢がイベリア半島に侵攻した時、ポルトガル遠征に向けての重要な足場であるアルカンタラを確保すべく、ジュノー将軍率いる軍勢がこの村へ攻め寄せたのである。

「スペインでフランスの印象が悪いのは知ってるでしょ？　でも歴史を色々知っていくと、無理ないかな、という気もする。騎士団の拠点とはいえ宗教の場でもあるこの修道院を、彼らは二日間で完全に破壊したのよ。しかも、充実した資料を持つことで知られていた修道院の図書館を荒らして、手書きの文書を一枚ずつ、鉄砲に弾薬を詰めるための紙筒として使ったっていうの。きっと、字の読める兵士なんていなかったんでしょうね」

コンチャは笑う。たしかに、当時の修道院は学問の拠点でもあった。二度と手に入らない貴重な資料が、弾薬詰めで消えていったにちがいない。そして皮肉にも、料理のレセタだけが救われて、フランスへと運ばれたことになる。

「ジュノー将軍の奥さんはアルブランテス公爵夫人といって、料理にも造詣が深い人だった。それで彼は、修道院で色んな珍しい料理のレセタをみつけた時、これはいいお土産になると思ったのね。『あなたの参考になればいいが……』とかいう手紙を添えて、彼はレセタをパリへ送った。そのなかにペルディスのアルカンタラ風、それにコンソメもあったと言われているわ。そう、あのウズラ料理はもちろん、このアルカンタラがルーツよ。少なくとも、おいしいものを見つけることに関して熱心なところは、フランス人もスペイン人もよく似ているという証拠ね」

ペルディス料理アルカンタラルーツ説については、迷うことなく言い切るコンチャだが、では実際にこの料理の古い手書きのレセタか何かが現存しているかどうかと聞くと、知らないと言う。ただ、財団のマドリードのオフィスには、この修道院に関する資料や文献が色々あるらしい。いつかその資料を調べて、さらにペルディスのゆくえを追うチャンスもあるかもしれない。

建物の内部はかなり荒れていて、財団が改築して使っている部分を除くと、「朽ち果てた」という形容をしても大袈裟ではないような有り様だった。かたつむりの殻のような巧妙な螺旋階段を登って見晴らし台に登ると、眼下にはアルカンタラの村と畑が広がり、その傍らを川が流れている。スペインを代表する大河のひとつ、タホ川である。

ここを拠点として権力をふるった騎士団の時代は終わった。ナポレオンも滅びた。強者どもの夢が消え去った今、ここは再び辺境の静けさに包まれ、タホ川だけが今も変わらず流れている。近い日の再会を約してコンチャと別れ、私は村の広場へ向かった。

村の唯一の広場を取り囲むように、数軒のごく気取らない食堂やバルが並んでいる。

「ここでペルディスが食べられるかしら?」

とそのなかの一軒で聞いてみると、主人が出てきて自信ありげに

「大丈夫、すぐ用意しますよ」

という。ラファエルには一階のバルで待ってもらい、私は二階の食堂でウズラ料理に挑戦することにした。

階段脇に細長くて狭い厨房があり、女性が三人働いている。一番奥で、編み物をしながら鍋を見張っているのがおばあさん。大きな鍋をいくつも抱えて奮闘しているのが、さっきの主人の奥さんだろう。手前でペルディスの羽をむしっている若い女性に声をかけてみる。

「ここではよくペルディスを出すの？」

「そうね、少なくとも私はここで一日中ペルディスをむしっているわよ」

と彼女が笑う。

「うちの息子の嫁さんだよ。よく働いてくれるね。料理も上手になってきたし」

と、お母さんが誇らしげに紹介する。

調理台に並んだ丸々と太ったペルディスは、若いお嫁さんの手で次々と手際よく下拵えされていく。おばあさんからお母さんへ、そして又その次の世代へ——スペインの田舎で今もしばしば出会う昔懐かしい厨房の風景は、何故かいつも私の胸を熱くする。

そして、この食堂のペルディス料理はなかなかおいしかった。それはごく普通の「ペルディス・エストゥファーダ（ヤマウズラの蒸し煮）」で、修道院伝来と言われるフォアグラやトリュフ尽くしの豪華な調理法とは似ても似つかない単純な料理ではあった。しかし、タマネギの風味で煮込んだ素朴なペルディスには、家庭料理らしいぬくもりと、野趣に富んだ味わいがあったのである。

考えてみれば、修道院が栄えていた時も、村はいつも貧しかったに違いない。修道院の「アルカンタラ風ペルディス料理」は、そもそもの初めから庶民の料理ではなかったのである。今私が食べたペルディスこそ、この村の人々が昔から作ってきた「アルカンタラ村のペルディス料理」なのだろう。

いずれにしても、カセレスの高級レストランとはまったく違うペルディスにこの村で出会ったことに納得し、満足して、私はこの静かな国境の村をあとにしたのだった。

ふたたびカセレスで

現代フランス料理の礎を築いたエスコフィエというシェフの料理書のなかに登場する「アルカンタラ風ヤマウズラ料理」を、詳しく見てみよう。より厳密に言うなら、作り方が載っているのは「アルカンタラ風雉（きじ）料理」で、その作り方がペルディスにもそのまま応用されるのだが──それによるとこの料理は、雉またはヤマウズラの胸部を開き、フォアグラとトリュフを詰める。それをポートワインに三日間漬けてマリネーしたあと、キャセロールで煮込む。さらにポートワインを煮詰め、トリュフを加えてソースを作るということになっている。

そしてそのあとに注記があり、この料理がスペイン・アルカンタラの修道院に由来するものであること。そのレセタを、ナポレオン軍が略奪の際に手に入れ、後にフランスに定着したものであることが記されている。

この料理が本当にアルカンタラ生まれであるかどうか、そして現在どんな料理として受け継がれているかを知りたくて、エストゥレマドゥーラ地方までやってきた私だけれど――そして、カセレスのレストランで一回、アルカンタラの食堂で一回、それぞれに「アルカンタラ風」と呼ばれているペルディス料理を食べたし、何人かの人達の意見も聞いたけれど――それであっさり結論が出るというものでもない。

カセレスの料理人、トーニョが作ってくれたのは、「フランス風にアレンジされる前はこうだったと思われる」というレセタで、エスコフィエのそれを土台としながらも、はるかにスペイン的、エストゥレマドゥーラ的な味覚に仕上がっていた。

例えば、フォアグラは十八世紀のスペインではまだ普及していなかったから、代わりに当時の料理にしばしば登場するエパグラスと呼ばれる豚の内臓のパテを使う。トリュフの代わりに、この地方特産のクリアディージャ・デ・ティエラという根菜を使う。そしてポートワインではなく、かつて修道院で作られていたものに近いスペイン産のワインを使う。この一皿の、時間と手間と素材を贅沢に使って生み出されたどっしりと重厚な味わいには、フランス人が気に入ってレセタを持ちかえったという逸話もさもありなんと思わせるだけのものがあった。

一方アルカンタラの村の食堂で出されたのは、それとは正反対といっていいほどに素朴な煮込み料理だった。ウズラは丸ごとのタマネギを詰め込まれ、安い白ワインを加えて煮込んである。これはこれでおいしいけれど『アルカンタラ風』とは随分違うのね、と私がつぶやくと、それまで愛想のよかった食堂の主人が憤然として答えたものである。

「ここはアルカンタラだ。ここで作るペルディスが『アルカンタラ風』でなくて、どうするんだい？　フランスの誰がどんな料理を発明したか知らないが、これが昔からの『アルカンタラのペルディス料理』だよ！」

この意見も、見方を変えれば至極もっとも。修道院のレセタがどうであろうと、エスコフィエが何と言おうと、彼らが自分たちの料理をアルカンタラ風と呼ぶのは、当然の権利というべきだろう。


アルカンタラからカセレスへと戻った私は、休む間もなく次のレストランへと向かった。一軒でも多くのレストランでペルディス料理に挑戦するのが、この料理の謎に迫る唯一の方法のように思えてきたからである。

カセレスの町の古い地域の一角に、評判のいい昔ながらのレストランがある。気取らない田舎風の店構えといい、いつも地元の人達で賑わっていて活気のある様子といい、なかなか良さそうな店である。

続けざまの食事、そして連続のペルディス攻勢で、私の食べる意欲はいささか減退してはいるが、料理探訪の旅でそんなことは言っていられない。私は、ここの主人やウェイターが、料理を残してもやさしく許してくれる人達であることを切に祈りながら、店の扉を開けた。

しかし残念なことに、ここのメニューには「アルカンタラ風ペルディス」というのはなかった。あるのはエストウファーダ（煮込み）とエスカベッチェ（酢漬け）の二種類。私は、少し趣をかえてエスカベッチェに挑戦することにした。

このエスカベッチェというのはスペイン古来の調理法のひとつで、しかもこのエストゥレマドゥーラ地方がルーツだと言われている。

野鳥や魚などを一旦加熱してから、アドボと呼ばれるマリネー用の液体に漬けておく。この調理方法は、元々は保存用のものだった。こうしてマリネーすることで、冷蔵庫のない時代に、狩猟でとった野鳥や釣ってきた魚を長く保存することができたわけである。

さっぱりした味だが量は山盛り、というエスカベッチェに私が果敢に挑んでいると、恰幅のいい紳士が現れて、店の主人だと自己紹介した。下町の名士という風情のこのエウスタキオ氏、エストゥレマドゥーラ料理について一家言ある様子なので、「アルカンタラ風ペルディス」について質問してみることにした。

「フランスにアルカンタラ風と呼ばれるペルディス料理があるのは勿論知っていますが、あれが本当にアルカンタラから伝わったものだとは思いませんね。第一、スペイン語で書いてある料理のレセタを、どうしてフランス人の将軍が読めたんですか？　無理のある話じゃありませんか。

実はあの頃フランスでは、異国風な変わった料理に外国の地名を付けるのが流行っていたんですよ。アルカンタラ風という名前も、いかにもエキゾチックに聞こえるという理由でつけたんじゃないですか?」

初めて、アルカンタラ修道院がルーツという説に反論が出た。それに、なかなか説得力もある。修道院の文献は大部分ラテン語だったとは思われるけれど、料理のレセタがラテン語だったにせよスペイン語だったにせよ、逸話の主人公であるナポレオン軍のジュノー将軍という人が、それを読めたのだろうか? もっと色々なデータがなくては、この逸話の真偽のほどを断言するわけにはいかないようである。


翌日もさらに二軒のレストランで——どちらもほとんどお腹が空かないまま——それぞれのペルディス料理を試食し、全部食べられないという言い訳にそれぞれの店で苦労したあと、明日はカセレスを去るという日の夜、さよならを告げに寄った私をトーニョが夕食に招待してくれた。

「うれしいけど、本当にお腹が空かないの。私がこのカセレスに着いてからいったい何羽のペルディスを食べたと思う? 残念だけど、もう何も食べれないの!」

大好きな彼の料理を残しては申し訳ないと思って必死で断る私に、彼はいつものようにいたずらっぽくにやっと笑って、

「大丈夫。僕に任せておいて」

と言う。観念してテーブルについた私の前に運ばれてきたのは——先日とは全部種類を変えた、ミニチュアのようなオードブル。アンチョビーのぴりっとした辛さが食欲をそそってくれるサラ

ダ。メインは、完璧な漬け加減のペルディスのエスカベッチェ。更には、ホワイトチョコレートで包まれた、まろやかで繊細なデザート。そして私はこれらすべての料理を、きれいに全部食べたのだった！

本当においしい優れた料理は空腹でなくても食べられる、ということをトーニョの料理は証明してくれた。勿論、こんな食べ方はシェフに対して失礼というものだろう。本来は、好きなシェフのレストランに行くなら、お腹を空かし期待を募らせていくものであって、苦しいだの食べたくないだのといいながら行くものではないのは、よく分かっている。しかし、お客の好みやお腹の空き加減をすべて見極め、適切な料理を適切な量で供した彼の感性には、脱帽するしかない。

「ペルディス遍歴は、結局どうなったの？」

食後のコーヒーを一緒に飲みながら、トーニョが尋ねる。

「そうね、はっきりした答えは出なかった。でも、それでいいんだと思うわ……」

答えながら私は、アルカンタラの村外れに聳える巨大なプエンテ・ロマーノ（ローマ時代の橋）の、均整のとれたシルエットを思い浮かべていた。

あらゆる所に橋をかけ、道を作ったローマ人。次々と城を築いたアラブ人。それを征服するために荒らしてまわったキリスト教徒。そのあとを、さらに略奪してまわったフランス人――この国を旅していると、否応なしに、歴史という名前の怪物に向き合ってしまう瞬間がある。ナポレオン軍とアルカンタラのペルディスのエピソードも、そんな歴史の隙間に生まれたひとつの伝説だと思えば、真偽を正したり無理やり辻褄を合わせようと苦労する必要はないのかもしれない。

伝説を信じるのもいい。信じなくてもいい。それに、もともと謎解きの楽しさというのは、結論ではなくプロセスにあるはず。今回の旅は、多様なペルディス料理との出合い、そしてペルディスを巡る人々との出会いに満ちていた。カセレスのトーニョ。アルカンタラのオフィスのコンチャ。村の食堂の家族。老舗のエウスタキオ氏。タクシーのラファエル……。私は、この旅の収穫であるそれらの出会いを嬉しく思い起こしながら、エストゥレマドゥーラ名物のベジョータ（ドングリ）のリキュールで、この食べ歩きの旅を締め括ったのだった。

新しいワイン造りの秘密とは?

――カタルニア南部にワインを求めて――

ワインの話

カトリックのミサには、キリストの血を象徴する聖なる存在としてワインが登場する。そういう敬虔な瞬間から日常的で卑近なシーンまで、スペイン人の生活のあらゆる場面にワインを欠くことはできない。

どんな小さな村にも、教会があるのと同じくらい確実にバル（居酒屋）があり、そこで人々はコップ一杯のワインを飲んで人生の憂さを忘れる。一方贅を尽くした宴会の食卓でも、ワインははるか昔から重要な存在だった。「高価な手に入れがたいワインであればあるほど、そこで繰り広げられる駆け引きを巧みに演出してくれるから」と中世のスペインの書物にも書かれている。

「神様がスペインをお造りになった時、何が欲しいかとお尋ねになった。我々はおいしいワインとチーズ、黒髪の美女と勇ましい男たちを願った。でも、真面目な政治家を頼むのは忘れていた……」

こんな小話がなるほどと頷けるほどに、ここはふんだんなワインとチーズの地である。この国のワイン造りの歴史を語るには、ローマ時代にまで遡らなくてはならない。

イベリア半島を統治したローマ帝国は、ここから豊富な資源が手に入ることを発見し、道路を完備し港を整備してローマ本国への輸送体制をととのえた。そのローマ向け資源のなかには、ワインを初めとする食料、食材も数多く含まれていた。

当時のローマの資料には、「イスパニアのワインは得に品質もよく」といった記述も見られる。その頃ローマで好んで飲まれていたワインは、現在のものよりかなり水増しされていてアルコール度は低く、そこに香料で香りをつけたものが多かったというから、この記録をもってイベリア半島に良質のワインがあったと即断することはできないが、いずれにしても大量のワインがローマへと輸送されたという。

こうしてローマ時代にすでに輸出を目的として確立していたスペインのワイン造りは、その後アルコールを禁ずるイスラム教徒の支配する時代を迎えて一旦下火になるが、カトリックの復興とともに素早く再開され、今度はスペイン自身の需要のために次第に拡大されていく。

「ワイン産地をブドウ色に塗るなら、スペインの地図は全部紫色に染まる」と言われるほどに、スペインの気候風土はワインのためのブドウ栽培に適している。しかもワインの需要はいくらでもある。条件は揃っているから、各地でコセチェーロス（栽培農家）単位でのワイン造りが定着した。これが十八世紀終盤からより大きな単位でのワイン製造業へと少しずつ発展していくのだが、高級ワイン産地として全国的な需要が生まれてきたごく一部の地域を除けば、ワイン造りは地元消費のためだけのいわゆる「地酒」の域を出ないという地方も依然として多かった。

つまりスペインの多くの地方では最近まで、よく言えば昔ながらの、悪く言えば原始的な栽培農家単位のワイン造りが、大きな比重を占めてきたのである。このことが、フランスやイタリアに比べてこの国のワインの高品質化を遅らせたとみることもできるだろう。

いずれにしても、スペインにおけるワインの地位は低かった。ごく近年まで、ワインの大部分は余り大切にされずにただ日常生活の必需品として飲まれて、それでおしまいだった。「ワインというものは、アルコールがあって赤ければそれでいい」と思っている人たちがスペイン庶民の大部分を占めていたのは、そう昔のことではないのである。言い換えるなら、これほど大量にワインを造り大量に消費していながら、スペイン人がワインもまた文化であるということを知り、ワインにしかるべき地位を与えるべきだということを学んだのは、つい最近のことだったのである。

しかし、文化としての歴史は浅いとはいえワインをかくまで愛し、飲んできた人たちのことである。いったん優れたワインを造るべく心を砕くということになってみれば、さほど困難なことではなかった。

すでに上質のブドウ畑はある。しかもそのなかには、ワイン製造者にとって買いたくてもなかなか買えない垂涎ものの五十年、六十年もののブドウ畑も多く含まれている。あとは最新技術とそのための設備、そして優秀なエノロゴ（ワイン技術者）。これだけ揃えば、高級ワイン産地への転身も夢ではないのである。こうして、スペインワイン業界の大改革が始まった。

特に目を見張らせるものがあったのは、スペインワイン界に優秀なエノロゴが続々と登場したことだろう。ワイン先進国フランスで学んだ知識にスペイン人ならではのひらめきを兼ね備えた、才能あるエノロゴたちの台頭は、一挙にこの国のワインのレベルを引き上げ、先輩のフランスやイタリアに迫り、追い越そうという気合で前進し始めた。今やスペインは、ワインを誇ることを知る国となったのである。

昔から上質のワイン産地として知られてきたいくつかの地方――赤ワインのリオハ、シェリー酒のヘレスなどは、それほどに逼迫した近代化の必然性を感じなかったかもしれない。むしろ、安価な大量生産ワインの産地、外国にバルクワインと呼ばれる原料ワインを輸出している産地、あるいはまだ名を知られてもいない新興の産地などが、この時にチャンスを見いだした。

北部アラゴン地方のソモンターノ。地中海岸のバレンシアやフミージャ。中央部ラ・マンチャなどの産地が一斉に近代化と高級化のスタートを切った。そしてカタルニアもまた、ここへ来て大きく飛躍を遂げた地方のひとつだったのである。

もともと、カタルニアはスペインで有数の経済的に豊かな地方である。カタルニア州都であるバルセロナを中心とする地域には、面積にしても広大、企業レベルとしても大企業ぞろいのペネデスというワイン産地があって、ここは他の地方に先駆けて世界各国に輸出もしており、カタルニアのワインといえばペネデスしかない、というような印象が強かった。

しかし最近のワインブームのなかで、ほとんど無名だったいくつかの産地の名が好事家たちの口にのぼるようになってきた。プリオラトという産地も、そのひとつである。ここはカタルニア南部の山の奥深くに位置する小さな地域であり、まだデータの少ない未踏査の地帯としてとりわけ人々の関心を集め始めていた。

地中海岸の古い町タラゴナを出発点として、私の旅はこのプリオラトへと向かう。そしてさらに内陸のレリダへ。豊かな風土と長い歴史を誇るカタルニア南部を巡る、ワイン探訪の旅の始まりである。

プリオラトに挑んだ若者

私がそのワインと最初に出合ったのは今から二十年以上も前、バルセロナのゴシック地区のレストランでのことだった。素朴なカタルニア料理に添えて出された、ビノ・ネグレ（黒いワイン）というカタルニア風の呼び方がまさにぴったりなほどに色の深い赤ワインの粗削りながらもどっしりとした存在感は、私に新鮮な驚きを与えた。そして「プリオラト」というワインの産地名は、私の記憶に刻みこまれたのである。

それ以来カタルニアを訪れる度に、レストランの人に「変わったものがお好きなんですね」とか、「珍しいワインを御存知ですね」などと言われながら、「もし料理に合うようならプリオラトのワインを」と注文するのが私の習慣となった。

カタルニアでさえ珍しがられるくらいだから、他の土地では名前を言っても誰も知らない。レストランのソムリエでさえどんなワインか知らない人がいるというほどに、この産地はマイナーだった。

ところが今、食とワインに興味がある人たちのための雑誌などでプリオラトの名前を頻繁に目にする、という時代がやってきた。「今までになかったスーパースパニッシュワイン」、「ベガ・シシリアを越える高価格の新しいワイン」などという、かなり過激な表現まで伴って。

ベガ・シシリアといえば、国際的には余り有名とは言いがたかったスペインのワインのなかで唯一、以前から高級ワインとして知られてきた名門中の名門。そのワインを越えるほどの高価なワインが、誰も知らなかった産地から突如出現したとしたら、それは相当に驚くべきことといっていいだろう。

このブームは、マドリードのワイン仲間内での私の評価をぐっと高めてくれた。今まで、「プリオラトが好き」という私の意見を耳にも入れていなかった彼らが、

「今話題のプリオラトって、あなたは前から好きだったのよね。いったいどんなワインなの?」

と騒ぎだした。今こそ私の知識を披露できるチャンス到来である。

しかし——前から好きだったといっても、ワインを飲んできただけで産地に行ったことはない。それに最近のプリオラトは「新しいワイン造り」で話題になっているのだから、その最新のワイン造りの様子を見ないことには蘊蓄を傾けることはできない。ちょうどブドウの収穫期も始まる。

私の心は決まった。いざプリオラトへ!

バルセロナから特急で南へ一時間ほどで、タラゴナに着く。地中海に面してローマ時代からの歴史の跡を色濃く止めるタラゴナは、私の大好きな町のひとつだが、今回はとりあえず素通り。目的地であるプリオラトというワイン産地は、ここから山に向かって一時間余り入っていったあたりから始まる。

プリオラトの中心地であるファルセットという小さな町までは、捜せばバスの便もないことはないだろう。とはいえ私は例によって時間に追われて旅をしているので、日に一便かもしれないバスを待っているわけにはいかない。折しもタラゴナに近づく頃から激しく降り出した雨のなか、荷物をひっつかんで列車を降りた私は、駅前のタクシー乗り場へ直行してそこで客待ちをしていた車に乗り込んだ。

レウスの町を過ぎてまもなく国道から山へ向かって折れると、道はくねくねとしたカーブとなった。山の奥深くへと入っていくにつれて、不思議なシルエットと特異な山肌を持つ山々が次々と迫ってくる。

それにしても道の両側には、岩山を刻んで段々畑のように作った箇所はしばしば目にとまるものの、肝心のブドウ畑はどこにもない。どちらかというと「打ち捨てられた地」とでもいう雰囲気で、人気上昇中のワイン産地に向かっているとは思えない。

「一向にブドウ畑がないでしょう? プリオラトのワインは確かにとびきりうまい。ただし問題があるんですよ。ブドウ畑が足りないんです。

何しろ急な山の斜面ばかりでしょう。昔は、ああやってわざわざ段々畑を作ってそこにブドウを植えていたんだが、今の若い人は誰もそんな大変なところで働きたがりませんからね。いつのまにか、どんどん畑が減ってしまって……。これじゃあ、よそからブドウを買ってワインを造ることになりかねませんよ」

友達のブドウ栽培農家に頼んで毎年ブドウを分けてもらい、自分の家に樽を二つ置いてワインを造っているというタクシーの運転手さんは、なかなかのワイン通。彼のこの悲観的な意見は本当なのだろうか？　私は今回、プリオラトの代表的なボデガ（ワイン醸造所）を二社訪問する予定を組んでいる。その二カ所で多分、答えが見つかるだろう。

ファルセットの町の小さなホテルに荷物を置くと、私は早速グラタジョップという村にある目的のボデガへ向かった。

しかしメモしてきた住所を頼りに到着した所は、村ともいえないほどに小さな村の一角。そこに、これが本当にマドリードで話題の画期的なボデガなのかしらと心配になるほど、何の変哲もない倉庫のような建物がぽつんとあるだけである。その傍らでは、大きなトラックから巨大なステンレスのワイン用デポシット（タンク）を下ろすという作業に、数人の若者たちが色々苦心している。そのなかの一人、ジーンズにTシャツのがっちりした青年が私に目をとめて、汗を腕で拭きながら近づいてきた。

「ああ、君が約束した取材の人？　ちょっと待っててよ。僕が手伝わないと、これが下ろせそうもないからね」

笑顔のひとなつっこいこの青年が、プリオラトで超高級赤ワインを造り出すことに成功した話題の人、アルバロだったのである。

トラクターを少しずつ上げたり下げたり、押したり引いたりの結果、一台目のタンクは無事、ボデガの建物の前に着地した。

「もう一台は君たちで下ろせるだろう。僕は畑に行ってくるからね」

アルバロはトラクターと若者たちを残して、私と車で出発した。

「まずは、日が暮れないうちに僕の自慢の畑を一通り見てもらおう。それからボデガの説明をするよ。勿論、僕のワインもカタール（テスティング）してもらわなくちゃね」

埃と泥で色も分からないほどに汚れた、いかにも一日中畑を走り廻っているらしい彼の車は、山道を辿ってやがて小高い丘の上で止まった。山の斜面に、深い緑の葉を繁らせたブドウ畑が広がっている。プリオラトに来て初めて見る、ワイン産地らしい光景である。

「これが僕の畑。プリオラトでも最高の部類に入る、とってもいい畑なんだよ」

誇らしげに言うアルバロは、まるで自慢のおもちゃを見せてくれている小さな男の子のように無邪気で、こちらまで思わず微笑んでしまう。

「僕はリオハで育ったけれど、フランスで勉強したあと自分のワイン造りのための土地を捜していた。そしてプリオラトと出合ったんだ。

ここでなら、僕の考える特別なワインが出来る。そう確信したのはいいけれど、資金がない――父親に援助してもらったんだろう、と陰口を叩く連中がいるのは知っているけれど、僕は本当に自力で、中古のワイン樽を売るアルバイトをしたりして少しずつ畑を買って、僕のボデガを築いてきたんだよ。ご覧のとおり、大きなタンクだってやっと今年買ったところなんだ」

アルバロは、スペインの中心的なワイン産地リオハの老舗のボデガの息子として生まれた。恵まれた環境に育ったことは否めないが、そのなかで意欲的に勉強し、積極的に自分の道を捜し、見事にその目標を達成してきた意思の強さは並大抵のものではない。

「僕のワインが、どうしてそんなに特別かという理由？　色々あるけど、まず僕がこのプリオラトでも特に質のいい古いブドウ畑を確保したということ。いいブドウなくして、僕の考えているような高級ワインは生まれないからね。そしてもちろん、そのブドウを僕の個性でワインに仕上げていること。つまり僕が造っているのは、はっきり造り手の個性が現れたブティックワインだ。そういう発想がスペインには今まで存在もしなかった。僕の世代の数人のエノロゴがここプリオラトで始めたのが、最初の試みだと思う。だから皆驚いたんだ。僕の親父だってびっくりしたからね。そんなワインの造り方はフランスでしか通用しないものだ、と皆が思ってた。でも見てごらん、ちゃんと成功しつつあるだろう？」

高級ワインだけを造るボデガ。造り手の個性の感じられるワイン。そういう新しい発想が、アルバロたちによってスペインのワイン界にもたらされたのである。すでに、彼のあとに続いてそういうワイン造りをするボデガはいくつもの産地に続々と生まれつつある。

しかしそれにしても、このプリオラトという地に目をつけた若者たちの着眼点の良さには瞠目すべきものがある。特殊なミクロクリマ（局地的な気象条件）を持つ、ごく限られた面積の土地。そこで育つブドウの個性を最大限に生かし、最後にフランス仕込みの最新の知識と技術を加えて個性あるワインを造る――このアイデアが、プリオラトという小さな無名の産地を、見事に国際レベルで注目される産地へと変身させたのだから。

アルバロの最良のワインのための特別なブドウ畑は、山の頂上のエルミータ（御堂）の下から始まっている。私たちがそのエルミータへ登っていくと、洗濯物を干していた年老いた修道女が親しげにアルバロに声をかけ、私にも目を輝かせて挨拶してくれた。

「私はアラバ（バスクの南部）からカタルニアへ来て、この山の上で一人静かに暮らしているの。うるさいお客さんは要らないけれど、アルバロのような真面目でしかも楽しい若者は大歓迎よ。私はバスカ（バスクの人）、彼はリオハーノ（リオハの人）。ここでは二人ともよそものだから、余計気が合うのかしらね」

二人の会話を聞いていると、年齢を越えた二人の友情と、アルバロが彼女に払っている親しみを込めた敬意が感じられて快い。

「何か要るものがある時は、いつでも言ってください。僕が、ここへ来るついでに買ってきますから」

エルミータの周りを取り囲んでいる松の木々のあいだから、四方に村々が見下ろせる。アルバロのボデガがあるグラタジョップの村も、教会の尖塔を中心とした小さなシルエットを見せている。

なんとのどかで、それでいて荒涼とした風景だろう。たしかにブドウ畑はある。しかし、小さな畑と畑のあいだは猛々しい岩山で遮られ、この風景全体になにか寂寞とした無情観が漂っている。畑にブドウ摘みに来ていた娘たちが帰ると、遠くに聞こえていたその笑い声も消えて全くの静けさが山を覆い、そこを山の風だけが吹き抜けていく……。私とアルバロと修道女の三人は、それぞれの思いを胸にしばしそこに佇んでいた。

畑から村に帰る道で、プリオラト独自のリコレーリャと呼ばれる地質が露出しているところを、アルバロが指し示してくれた。岩のように見えながら実はもろいこの土地にブドウは深く根を張り、雨の少ない暑い夏にも地中深くから水分を補給する。一般的には農作に適しているとは言いがたいこの地質が糖度の高い特殊なブドウを育て、どっしりと重いプリオラトのワインとなるのである。

「このブドウの苗のように、あなたも見事にカタルニアの岩山に根を張りつつあるのね」

と私が言うと、彼は真顔になってうなずいた。

「もうすぐ初めての子どもも生まれる。新しいボデガの建物も完成する。僕の仕事はこれからだね。」

二十五歳で初めて自分のワインを世に発表したアルバロは、今三十四歳。夢を語って止まることのない彼の横顔にはプリオラトの、そしてスペインのワインの未来を確信させるような、若々しい自信と期待が溢れていた。

天国への階段

まだ薄暗いファルセットの町は鳥のさえずり以外は静まりかえって、ほとんど通る人もいない。朝七時。少しずつ明るくなっていくなかを、トラクターやトラックが一台また一台と、ブドウの採り入れにでかけていく。

この小さな町の人口のほとんどは、なんらかの形でワイン造りに係わって暮らしているに違いない。プリオラトというごく狭いワイン産地の、ここは一番の中心ともういべき町なのである。

畑に行く人たちが仕事の前に寄るために、この町のカフェやバルは朝早くから開いているということを発見したので、私も朝の散歩から戻ると早速、ホテルの一階のカフェでコーヒーを飲むことにした。カウンターには作業着に身を包んだ男たちがずらっと並んで、立ったまま思い思いの朝食をとっている。

その男たちのなかにアルバロもいて、生ハムをはさんだ大きなボカディージョ（バゲットパンのサンドウィッチ）にかじりついていた。

「君はコーヒーだけ？　僕は今食べておかないと、昼までに飢え死にしちゃうからね」

親の跡を継いで老舗で平穏なワイン造りに従事する代わりに家を飛び出し、若くしてプリオラトの革命児の一人として名を馳せたアルバロは、スペイン料理の世界に一人で飛び込んでから二十年、なんとかがんばってきた私にある種の親近感を抱いてくれたらしい。私の方も、お坊っちゃん育ちでのんびりしているかと思った彼と、こちらもおっとりしたお嬢さん風の奥さんのクリスティーナが、夜遅くまでかかるブドウの選別作業の先頭に立っている姿を見て、すっかりこの夫婦が気に入ってしまっていた。

プリオラトの秋はまだまだ気温が高い。そのうえアルバロの好みで、収穫のタイミングはブドウの糖度が上がるのを待ってぎりぎりまで遅くしてある。熟れきったブドウが収穫した途端に発酵し始めてしまうのを防ぐために、こういう場合には収穫を夕方から夜にかけての涼しい時間に行う。だから、そのブドウを選別していたんだものを取り除く作業は、どうしても夜遅くまで続くのである。

ベルトコンベアーの前で、樽の前で、オーナーでも使用人でもなく、ただワイン造りに賭ける若者たちのチームとして一団となって働いている彼らの姿に感動して、私もその一端を手伝った。

そんな一日のあとだから、今日も本当は忙しいに違いない彼が、これから私をスカラ・デイまで連れていってくれるという好意を、私はありがたく受けることにした。

今日の目的地スカラ・デイには、この産地でも指折りの老舗のボデガがある。もっとも若いアルバロのボデガと一番の老舗。見比べて、この産地の概要をつかもうというのが、今回の私の取材の意図でもある。


但し、スカラ・デイを訪れたいのにはもうひとつ訳がある。ここは、古い修道院——しかも、ワインを造っていた修道院のあった土地として有名なのである。

中世以来スペインの修道院では、数々のワインや料理を発明したり開発したりしてきた。植物から様々な薬を作ったのも彼らだし、新大陸から届いた目新しい植物を食べられるかどうか実験したのも彼らだった。魂の救済は別としても、当時の修道院は肉体の救済の方にも随分貢献していたわけである。

ある日、天啓を受けた修道僧がこの地で、はるか天上へと続く階段を見た……という来歴に由来してスカラ・デイ（神の階段）と名付けられたこの修道院も、プリオラトのワイン造りがここで始まった、という一事によって今にその名を止めている。

ただし、最初のうちこそ修道僧たち自身がワイン造りをしていたかもしれないが、修道院が大規模なものとなってからは、ブドウの採り入れやワイン造りに専門に従事する人々が修道院の周りに住んで働いていたものらしい。既に修道院は崩壊し遺跡を残すばかりだが、周囲のブドウ畑は今も維持され、私が訪れるボデガに受け継がれているという。

アルバロの運転する車はほどなくスカラ・デイに到着した。小さな村とボデガの入り口は素通りして、まずは修道院の遺跡へ。ボデガの社長との約束にはたっぷりゆとりを持って出発したので、遺跡を見学する時間は充分にある。

道の両側の平らな土地にブドウ畑が広がっている。モンサン山脈の懐に抱かれて、山の斜面の岩肌に張りつくようなブドウ畑を特徴とするこの産地では、珍しい光景である。

アルバロが、ブドウ畑を目にした途端に陽気な青年から眼光鋭いワイン造りに豹変して、「うん、ここの木も悪くないな……」などとつぶやいている。ブドウの質はワインの最大の決め手。今最先端のワイン造りで注目されるアルバロといえども、よそのボデガのブドウの質に無関心ではいられないのだろう。

遺跡の入り口の案内所で入場料を払うと、各箇所で説明の入るイヤホーンを貸してくれるという。

「実は僕も、ここは見たことがないんだ。一緒に説明を聞いてみよう」

とアルバロが言うので、私たち二人はイヤホーンのガイド付きで、遺跡を歩き始めた。

文字通り抜けるように青いカタルニアの空の下、壮麗な石の門がある。聖堂だった部分の巨大な石組が、現代美術のオブジェのように空を区切って聳え立っている。アルバロは熱心に、今見ているのが修道院のどういう部分であったか、いつ建てられたかといったイヤホーンの説明を聞いて頷いているが、私は、ただその空間に圧倒されてぼんやりと歩いていた。

ローマ人のかけた橋や城壁。アラブ人の築いた城や庭。そしてキリスト教徒の残した膨大な数の、しかも巨大な修道院や教会――この国は、さまざまな時代のモニュメントに覆われている。それが時として、人を息苦しくさせるほどの重量感となって迫ってくるように感じられるのは、私が燃えたり崩れたりしては繰り返し築くという木の文化の国に育ったからなのだろうか……。

二人で懸命に説明を聞いた結果、ワイン造りをしていたらしい場所は見つけたが、そこもただ石組が残っているばかり。どれくらいの規模でどうやってワインを造っていたのか、何世紀も経た今では想像するしかなさそうだが、ともかくもここがプリオラトのワイン発祥の地ということになる。

ボデガの入り口では、経営者のペイラ氏自らが私を出迎えてくれた。アルバロが、年長者であるペイラ氏をたてて自分から自己紹介する。白髪の紳士と日焼けした若者の握手を、私は――こう言っては二人に失礼かもしれないけれど――興味津々で眺めていた。老舗と新興。伝統と革新。経験から来る老練さと、若さゆえの大胆さ。現代プリオラトの二つの顔を代表する二人が、いわば試合前の握手をしているのである！

「来年新しいボデガが出来たら、必ず遊びに来てね」

と言いおいてアルバロは仕事に戻り、替わってペイラ氏が私のガイド役を引き継いでくれた。

「十九世紀末に大修道院の財産を没収する法律が出来たあと、修道院の持っていたブドウ畑は七家族に分けられることになりました。私の家族はそのなかのひとつで、ここのワイン造りを受け継ぐことを決め、他の家族の分を買い取ってボデガを始めたのです」

いかにも地方の名士といった貫禄のペイラ氏が、うっそうと繁る木々の緑が心地好いボデガの敷地内を案内してくれる。ワイン造りのためのどっしりした建物。そのワインを貯蔵する古い蔵。ワインを販売する店。さらには小さいながらも風格のある教会、ペイラ氏の屋敷などが加わって、このボデガは小さな村の核をなしているだけでなく、村の大部分を占めてもいる。まだ仮住まいという風情のアルバロのボデガと比べると、大した威容である。

知的な黒い目をしたボーイッシュな若い女性が、途中から私の見学に加わった。この女性、マルタがこのボデガのワイン技術者だと紹介されて、私は内心びっくりした。何しろスペインのワイン造りといえば伝統重視、保守的というのが相場であり、アルバロのような若者の作ったボデガならともかく、古い歴史を誇るボデガのワイン造りの責任者が若い女性というのはまだまだ異例のことだからである。彼女を採用したという一事で、感じはいいけれど古風な経営者、というペイラ氏への私の評価はぐっと上がった。

「醗酵させたモスト（果汁）を冷やすのには、山から引いてきた水を使っているの。安くて、しかもエコロジーから見ても最高でしょ？」

「昔ながらのガルナッチャ（ブドウの品種）だけのワインも勿論造り続けるけれど、積極的に外来種も取り入れようとしているの。去年から、クパージュ（混合）タイプのワインにとてもいい成果が出てきているところなのよ」

「私の大切な仕事のひとつは、広範囲の畑から届く色々な条件のブドウを、どのワインに向くか決めること。そのために、科学的な分析には最新の技術を使っているわ」

マルタは、精力的にてきぱきと案内していく。マルタが自分の意見をしっかりと主張することをためらわず、時にはペイラ氏の言葉に真向からぶつかってもきっぱりと言い切るのを見て、私は心のなかでオレ！　と快哉を叫んでいた。これからのスペイン女性は、こうでなくては。

勿論、ペイラ氏も負けてはいない。彼とても、ビジネス上手で名高いカタルニアの、代々商売に携わってきた一家の主である。

「何しろうちのワインの出来は、このセニョリータ次第。彼女が判断をひとつ間違ったら、うちのその年のコセッチャ（収穫）全部が台無しになる可能性だってあるんだから」

と釘をさすように言うと、マルタがにっこりして

「ご心配なく。そう思って一生懸命やってますから」

となだめるように言う。経営者であるペイラ氏の意見を充分に尊重しながらも、ワイン造りの実際は若いマルタがしっかりたずなをとっている様子で、なかなか頼もしい。

「私は、バルセロナでエノロヒーア（ワイン醸造学）を勉強したの。夫も同じ仕事で、今はペネデスのボデガで働いているわ。今のように収穫期にはほとんどこのスカラ・デイに詰めているけど、他の季節はバルセロナとここを行ったり来たりしているの」

あとで昼食を一緒に、とペイラ氏が立ち去ったあと、私はマルタと女同士の気のおけないおしゃべりを楽しみながら、ボデガの残りの部分と村を見てまわった。

「ここでの仕事には満足しているわ。プリオラトは今注目されてきたところだし、私の力でこのボデガのワインの評価を上げるチャンスを与えられたのは、とてもラッキーだと思う……」

事実、このボデガのワインの最近の評価はとてもいい。それも彼女が最新の知識をそそぎ込んで、充分に責任を果たしている成果だろう。

村の小さな食堂でのなごやかな昼食には、ペイラ氏が一九七五年物のワインを持参した。長く芳香を保つプリオラトのワインならではの、まだ充分に豊かで甘やかな香り。多少枯れてなお艶やかな美女を思わせる、まろやかな味わい――それは、修道士たちのワイン造りを受け継いだこのボデガの誇りを象徴するような、確信に満ちた見事な出来ばえのワインだった。

伝統を守りながら、新しい可能性をも模索している老舗。大胆に、従来とは違う発想のワイン造りに挑む若者。狭いプリオラトの産地は今、ワイン造りの人々の熱気と活気に溢れている。

プリオラトの将来に、という乾杯の音頭に、私は心のなかでそっと

「ここでワインを造ることを思いついた食いしん坊の修道士たちに！」

と付け加えたのだった。

ブドウの海

プリオラトを訪ねたついでに、レリダまで足を延ばすことにした。その近くに評判のいいワイン産地があるということが一番の理由だけれど、まだ訪れたことのないレリダの町もついでに少しだけ見てみたい。

海辺の町タラゴナから内陸部のレリダへ、国道はほぼまっすぐ北西に向かって伸びている。レリダを経てさらに進むと、その道はやがてアラゴン地方へ入る。つまりこの町は、地中海沿岸とサラゴサ、さらにはマドリードを結ぶ古くからの街道の要所のひとつということになる。

夕暮れ時のレリダに到着した私は、早速町の探索へと繰り出すことにした。ホテルは旧市街のすぐそばだったので、人に聞くほどのこともなく様子を頼りに歩き出す。

まもなく分かったことだが、ここの旧市街は、ほぼ中央あたりにセウと呼ばれる城跡が小高い丘となって鎮座ましましているため、このお団子のような盛り上がりを目安にすれば自分の位置が簡単に分かる。逆に言えば、お団子を迂回するか乗り越えない限り、町を横断できないことにもなるが。そのお団子のふもとをうろうろしているうちに私は、若者でいっぱいのバルが連なる通りに出た。

比較的お客の年齢層が高そうに見える店に入って、ワインを一杯。何しろ、大部分の店に溢れている連中はティーンエージャーとしか見えないので、私としてはいささか入りにくい。

「いつもこんなに賑やかなの？　今日は週末でもないのに」

「明日がサン・ミゲルのお祭りなのよ。だから今夜はきっと遅くまで大変。みんな、一晩中飲むつもりででかけてきてるもの」

笑顔がかわいらしいカウンターの女の子は、次々と注文をこなしながら愛想よく答えてくれる。レリダは、このあたり一帯の農産物の集散地として知られている。サン・ミゲルが町の守護聖人だということは、彼はここでは農業の守護聖人でもあるのだろうか。

「川の向こう側の公園では、フェリア・デ・アグリコラ（農業見本市）をやってるの。あそこに行けば今夜は花火もあるわよ」

あいにく、連日のボデガ訪問で私はくたくた。明日も朝十一時には郊外のボデガにアポイントがとってある。これからが本番、とばかりに賑わう通りを引き返してホテルに戻った私は、窓の外を遅くまで次々と通り過ぎる嬌声やら叫び声やらを無視してボデガ見学に向けての予習を済ませ、早々と休んだのだった。

翌日の朝。ボデガ行きのためにホテルで呼んでもらったタクシーの運転手さんは、女性だった。スペインでは女性のタクシスタ（タクシー運転手）というのはさほど珍しくない。ただし若い女性は比較的少なくて、肝っ玉母さん風のおばさんが多いのは確かだけれど。無愛想なおばさんもいれば、乗ってから降りるまでしゃべりづめのおばさんもいる。親切な人もそっけない人もいるのは、男性女性にかかわりない。

しかし、三児のお母さんだと自己紹介した今日の運転手さんは陽気で親切そう、と安心したのは結局とんだ間違いだった。聞かれるままに私の今日の予定を語るうちに彼女は――スペインではよくあることなのだけれど――やっかいな押し売りのガイドに変身してしまったのである。

「せっかくこの美しいレリダの町にやってきて、ワイン工場だけを見て帰ろうとはとんでもない。まずは、町の中央のお城跡に上ってゆっくりと鑑賞。町を一望のもとに見下ろす展望台で一服。有名な教会を見学。他にも色々あるけれど……」

私は、時計を睨みながら懸命の説得に努めた。ここの町のお城が素晴らしいであろうことは、よく分かる。教会もきっと素晴らしいだろう（スペイン各地で飽きるほど見たから教会は結構、などとは間違っても言えない）。しかし、私には時間がない。いつも時間に追われているのは日本人の悪い癖。悪いとは思うけれど、今日だけは見逃してこのままワイン工場へ向かってほしい……。

結局、時間は二十分ほど遅れただけ、タクシー料金は千円ほど超過しただけで無事車が目的地へと向かって走り出したのは、幸運だったと言っていいだろう。

レリダの町から西へ一〇キロ余り。道の両側に、一面のブドウ畑が広がり始めた。昨日まで滞在したプリオラトの、山の急斜面にぽつんぽつんと畑があるのとは大違いの、いかにもワイン産地らしい風景である。

比較的背の高いブドウの苗が、見渡す限り連なっている。所々に、何やら巨大なトラクターのようなものも見える。いかにも水分に不足していないしっとりと潤った土壌の色。のびのびと広がる畑——同じカタルニア地方とはいえ、場所が違えばこんなにも気候風土が違い、だからこそ個性のまったく違うワインが色々生まれるのだな、ということをしみじみと実感させる。

感慨にふけることしばし、車はボデガと同じ名を持つ村の入り口に到着した。村を一廻りしてみてほしいと運転手さんに頼むと彼女は、「レリダのお城を見るヒマはなかったのに、こんなちっぽけな村を見るヒマはあるのか!」という無言の抗議を込めて私を睨みはしたが、素直に村に入ってくれた。

しかし——田舎の村というのは、それがカタルニアであれカスティーリャであれそれぞれの風情があり、写真を撮りたくなるような家や広場があるはずなのだが、この村には一向に風情というものがない。味気ない家が並ぶ通りはどれも新興住宅地にしか見えないし、教会も広場も機能一点張り。運転手さんが、ほら見たことか、という顔で私を振り返る。その時私は遅まきながら、昨夜予習したボデガの歴史を思い出した。

このあたりは、農業こそ盛んではあってもワイン産地というわけではなかった。しかしカタルニアを代表する大手のワイン会社が豊かな土地に目をつけ、ここを新たなワイン産地として興そうと決めた。そして彼らはボデガのみならず、ボデガで働く人達が暮らすための村をも丸ごとひとつ作ってしまったのである。これぞ大企業！　つまりここは、ワイン工場の付属として便宜上作られた村なのだから、歴史もなく風情もないからといって驚くにはあたらない。

　ボデガの敷地は、村全体と同じくらいもあるかと思われるほど広々としているらしい。押しつけガイドに熱心な運転手さんから逃れたい一心で焦ってボデガの入り口で車を降りてしまった私は、オフィスを捜して延々と歩く羽目になった。

　大きなトラックがずらっと並ぶブロックや巨大なワイン貯蔵庫らしい建物などを通り過ぎ、やっと辿り着いたのは超近代的な総ガラス張りの建物。そのガラスに周囲の木々の緑が鏡のように映って、モダンななりに調和がとれている。カタルニアはやはり、こういう現代的な造形に関しては実にセンスがいい。

　オフィスに入り、受付の女性に訪問の約束がある旨を伝えるとまもなく、どこから見ても忙しいキャリアウーマン、という様子の若い女性が慌ただしく現れた。私が何度も電話してやっとアポイントをとったビッキー嬢である。彼女と一緒に、せわしなく工場見学にスタート。

　工場の内部は私をうならせた。各ボデガが小規模で手工業という趣の強いプリオラトを見た直後なだけに、近代的な設備と規模の大きさには圧倒されるばかりである。ここにボデガなどという古風な言葉は似合わない。まさにワインを造る近代的大工場である。スペインのワイン雑誌でこの会社のワイン造りを「テクノワイン」という言葉で表現していたのが、なるほどと頷ける気がしてくる。

当然、私を迎えてくれる態勢にもその違いが出る。プリオラトではどこもオーナーが自ら私の案内役をかってでてくれたけれど、ここではこういう広報担当のすらっとスタイルのいいお嬢さんが、取材なんて日常茶飯事よ、というようなちょっと生意気な態度で応対してくれることになる。

それでも案内しているうちにビッキーも、私がただのひやかし客ではなく——そういう人が結構いるのよ、ワインの味見がしたいだけなのに見学とか言って、と彼女はぼやいていた——それなりのワインの知識を持って訪れた真面目な取材であるということを分かってくれたらしい。自分から、ブドウ畑を案内すると申し出てくれた。

ビッキーの赤い小型車は、畑のあいだのでこぼこ道で盛大に揺れながら果敢に進んでいく。広大な畑の一部では、現在造っているワインのためのブドウ栽培だけでなく、様々な試みも進行しているらしい。ここではドイツ系の白ブドウを育ててみよう。こっちではカリフォルニアのやり方でカベルネ種を植えてみよう。そこでは実験的な品種を何通りかの植え方で育ててみよう……。だから、行く先々で畑の様子も違うし品種も違う。それもこれも広い土地があり、しかもその土地がブドウ栽培に適しているという基本があってのことなのだから、やはりこの場所に目をつけた大企業は偉い。と同時に、「この土地ではこのタイプのワインだけ」という信念に支えられた伝統的なワイン造りからは何光年もかけ離れたようなこういう新機軸のワイン造りに、一抹の疑問も感じないではない。

車を止めると、ゆるやかにうねる大海原のような土地にブドウの列が果てしなく続いている。ビッキーが、うるさいエンジン音と共に近づいてくるトラクターに手を振った。

「これを見せてあげたかったの。わが社自慢のブドウ採り入れ機よ」

そのトラクターがブドウの木を丸ごと跨いだかと思うと、あっというまにブドウを採り入れて葉や枝だけを取り除き、一本の畝を完全に収穫していくのを、私はあっけにとられて見守った。ひと房ずつ手で摘んで大切に収穫したブドウを、夜なべ仕事で丹念に選別していたプリオラトの人々を思い出す。これもまた、ワイン造りではあるのか。

「このトラクターを通すために、畝の間隔を広くとってあるし苗の高さも調節してあるの。この方式は、スペインではここが初めて。いずれ方々で真似し始めるでしょうね」

見渡すかぎりのブドウの海。そこを、船のように横切っていくトラクター——迫力ある風景に心ならずも圧倒された思いで、私はほっと溜め息をついたのだった。


その日も、レリダの町は祭りで賑わっていた。通り抜けるのも時間がかかるほどに人の波で埋め尽くされた旧市街の通りをなんとなく歩いているうちに、セグレ川のほとりに出ていた。

土地の広さに限界のあるプリオラトには、これからどういう形での発展が可能なのか。このレリダで進行しているような新しいワイン造りは、スペインの他の土地でも可能なのか、その意味はどこにあるのか……。

ワインの世界の数々の課題も、そこで試行錯誤する生身の人々と知り合う時、初めて本当の意味の課題として捉えることができる。そうなると益々面白くなって、ワイン探究は止められそうもない。心地好い川風が祭りの賑わいをとぎれとぎれに運んでくる川沿いの道は、月明かりのなかにどこまでも白く浮かび上がっていた。

すぐれたオリーブ油は いかにして生まれるか？

——アンダルシアのオリーブ畑で——

オリーブ油考

渇ききった平野に、あるいは岩ばかりの丘陵に、もじゃもじゃと丸いシルエットのオリーブの木がどこまでも果てしなく連なっている……。それは、スペインを旅したことのある人なら誰でも一度は見たことのある光景だろう。

スペインは、ヨーロッパでも有数の優れたオリーブ油の産地である。そしてまたオリーブ油なしには一日も暮らせないほどに、この油に密着した食生活を送っている人々の住む国でもある。私がスペインで暮らし始めた頃、食料品店やスーパーに行くのは何よりの楽しみだった。日本では手に入らない、スペインならではの食材がずらりと並んでいて、料理を勉強する者にとっては宝の蔵に入ったような嬉しさだったからである。そのなかでも、棚いっぱいに並んだオリーブ油は素晴らしかった。

緑がかったもの、黄色っぽいものと色も少しずつ違う。ラベルを見ると様々な地方で作られていることが分かるし、色とりどりの地方色豊かな商標も楽しい。どの産地がいいのか、どの銘柄が有名なのかもほとんど知らないままに、一回ごとに違う種類を買って味を試すのを楽しみにしていたものである。

日本ではオリーブ油と言えばつい最近まで高価なものと相場が決まっていたうえに、輸入されているほとんどがイタリア産で、スペイン産のものに接する機会はまだまだ少ない。しかしスペインにも素晴らしい品質の油がある。しかも値段は決して高くない。

それもそのはず。日本料理を作るのに醤油がどうしても必要なのと同じように、スペイン料理にとってのオリーブ油は、文字通り必要不可欠な存在なのである。

イベリア半島の地に於けるオリーブの歴史は、遠くフェニキア、ギリシャ時代まで遡ることになる。紀元前一千年ごろすでに、フェニキア人たちはイベリアの錫を目当てにこの地を訪れ、交換にワインやオリーブ油、魚など地中海の食文化の一端を残していった。ギリシャ人たちもオリーブを格別好む民族だったから、イベリア半島に彼らの拠点を作り始めた時には同時にオリーブを植え、オリーブの文化を定着させた。紀元前二世紀頃のギリシャ人たちの住居跡が残る地中海岸エンプリエスの遺跡は今もその周囲をオリーブの畑に囲まれ、遺跡のなかにはオリーブ油採取場のあともあって、彼らがオリーブ油を基盤とする地中海文化をこの地にしっかりと根付かせていたことを裏付けている。

その後ローマ帝国がイベリア半島に大々的に進出してきた時、イベリアは帝国にとっていくつかの産物の重要な供給地となった。金、銀、そしてオリーブ、ワイン、ハム、さらに奴隷までもがイベリアの地から続々とローマへ送られた。当時からイタリー人は、スペインの産物の商品価値を見いだすことに聡かったのである。

オリーブは、日照時間が長くやや乾燥気味なイベリアの気候と土地質によく適応したから、オリーブ栽培はまたたくまにスペイン全土に拡がった。今でも地中海沿岸地方では、ローマ時代に遡ってもおかしくないような樹齢を持つオリーブの古木が数多く見受けられる。そういった木の多くはすでに野生に戻っていて、収穫用に栽培されているオリーブの畑とは比べ物にならないが、それでも今も実をつけ、その果実は充分食用になる。千年も経った木の果実が食べられる、というのはオリーブくらいのものではないだろうか。そこにも、オリーブの持つ生命力が感じられる。

スペイン料理の名前をここにずらっと並べたとしたら、そのなかでオリーブ油を使っていないものがいくつ見つかるか？　ごくわずかだろう。

野菜などを茹でただけの料理でも、仕上げには大抵ひとたらしのオリーブ油を加える。アサード（焼いた料理）にせよギソ（煮込み料理）にせよ、ほとんど必ずオリーブ油を使う。フリトゥーラス（揚げ物）にたっぷりの油が必要なのは言うまでもないだろう。

試しに、中央部カスティーリャ地方あたりのごく庶民的な料理をいくつか思い浮かべてみよう。まず、ソパ・デ・アホ（ニンニクのスープ）。これは、ニンニクをたっぷりのオリーブ油のなかでこんがりと熱するところから始まる。あとはパンとパプリカが入るくらいで、スープストックも何も要らない。なにしろ、ニンニクとオリーブ油の風味だけで出来たようなスープなのである。

次に、トルティージャ（ジャガイモのオムレツ）はどうだろう。この料理は、薄く切ったジャガイモをオリーブ油のなかで「煮る」ところから始まる。そのジャガイモを卵に加え、フライパンで焼いて出来上がり。

ちなみにこの場合注意してほしいのは、ジャガイモを油で煮るというところである。これには二つの条件が必要になる。ひとつは、油の量が充分にたっぷりあること。そして次は、油の温度が高すぎないことである。

もし油の量が少なければ、ジャガイモは芯まで煮えないで、表面だけが焼けてしまうだろうし、温度が高ければ、大量の油のなかに入ったジャガイモは、煮えずにあっという間にフライになってしまうだろう。

このように低温の油のなかでゆっくりと素材を加熱する、スペイン語でソフレイールと呼ばれる調理法は、スペイン独自のものである。この調理法も、勿論良質のオリーブ油が豊富になければ生まれなかっただろう。

では、何故こんなにまでオリーブ油が重要なのだろうか？

その答えは、十二世紀のアンダルシアの文献のなかに記されている。ここでは、オリーブ油とは何かという問いに『食物に味を与えるもの』と答えている。つまりオリーブ油とは、スペイン料理においては調味料なのである。

これで、先にオリーブ油を醤油に譬えた意味を判ってもらえるだろう。日本料理を日本料理しからしめる調味料が醤油であるのと同じように、オリーブ油による調味こそ、スペイン料理のアイデンティティの拠ってたつところなのである。

ひとつの例として、スペインの家庭の食卓に毎日のように登場する、エンサラダ（サラダ）を見てみよう。レタス、トマト、タマネギ。なんでもないごくありきたりの素材を盛り合わせた大皿に、調味していく。塩。白ワインで作ったビネガー。香りのいいオリーブ油。これだけで、食欲をそそる香り高いサラダが出来上がる。

「塩は几帳面な人に、酢はケチな人に、油は気前のいい人にかけさせる」

これは言い換えると、

「塩はきっちり適量を、酢は控え目に、油はたっぷり」

という意味になる。私が料理を習ったマドリードのピラール先生が、最初に教えてくれたことのひとつがこのフレーズだった。

今でもサラダを作る度に、私はこの言葉を思い出す。そして東京の料理教室で、私の生徒にも同じように教えている。スペインでなら多分、母から娘へと受け継がれていくのであろうこの言葉を伝えることで、ここ日本にも、ささやかなスペイン食文化の芽が芽生えることを祈って。

オリーブ油の違いを論ずるには、その性質を作り上げる要因を知らなければならない。それぞれの地方の気候。栽培するオリーブの品種。そして果実を収穫するタイミング——これらの要素が組み合わさって、各地方のオリーブ油に異なった個性を与えているのである。そして更に、絞った油を精製するかどうかなどによって、いくつものタイプのオリーブ油が出来上がる。

つまり、オリーブ油とひとくちに言ってもその種類は数限りないのだが、素人にも簡単に判断できるオリーブ油選びのポイントがある。ひとつは、酸度の低いものを選ぶこと。そしてもうひとつは、料理と同じ地方産のオリーブ油を使えば、まず間違いなく合うということである。

ただし、例外はある。スペインのほとんどの地方がオリーブを栽培しているのに、皮肉なことにスペインで最も料理の水準が高いと言ってもいいバスク地方にはオリーブ畑がない。つまり、バスク料理にバスクのオリーブ油、というわけにはいかない。

それなのにどうしてバスクでは、あんなに巧みにオリーブ油を使うのか？　他の地方にないような、オリーブ油を使う優れた調理法が生まれたのか？　これに関しては、バスクのとあるシェフが説明してくれたことがある。

バスクにはオリーブ油がないから、かつては貴重品だった。そこでこの地方が豊かになった時、各地方からふんだんにオリーブ油を買い入れ、それを最大限に生かす料理が次々と生み出された——というのである。

なるほど、優れた料理が生まれるのには必ずしも物が豊富である必要はないのかもしれない。むしろ、物が足りない時にこそ強い渇望と期待が、より豊かなイマジネーションを紡いでくれるということを、オリーブ油を見事に生かしたバスク料理の数々は、証明してくれているのである。

ここでは、スペインでももっとも中心的なオリーブ油の産地であるアンダルシア地方から、オリーブとともに生きるひとつの家族を紹介する。彼らを知ることで、私はいくらかでもオリーブの文化に近づき得た、と思っている。オリーブのカルチュア（文化）とはすなわち、オリーブを育てるアグリカルチュア（農業）のことである。

オリーブ油との出合い

コルドバとグラナダを結ぶ古い街道は、アンダルシア地方らしい峻険な山のなかを延々と抜けていくが、その途中にバエナという小さな町がある。オリーブ油というきっかけがなかったら立ち寄ることもなさそうなこの町へと、私とカルロスの乗った車は向かっていた。


スペインは豊富でしかも良質なオリーブ油の産地でありながら、そのことに対する世界的な評価や名声はまだまだ低い。というのもスペイン人たちが、いかにも物事に無頓着な気質の彼らしく、自分たちの国のオリーブ油がどれほど優れているかということを長い間気にもしなかったからである。

イタリアでなら麗々しく立派な瓶に入れて売られているようなランクの上質の油が、スペインでは簡単な缶に入っている。品質を示す大切なバロメーターである酸度の表示がずさんである。特別優れた品質のオリーブ油が売られていたとしても、わずかに値段が高いというだけで誰も積極的に買わない——これでは、他の国の人々に価値を理解してくれという方が無理な話だろう。

そんななかである時私は、スペイン料理にふさわしい豊かな風味を持つ、印象的なオリーブ油に出合った。最初に教えてくれたのはバスクのトップクラスのシェフの一人であるヘススで、彼はこのオリーブ油を手放しで絶賛して私にも勧めてくれたのである。

「こくがある。香りもいい。乳濁させた時に（バスクではオリーブ油をゆすって乳濁させるという調理法がある）しつこくならない。最高だよ」

しかもごく小さな規模の会社で作られていて、生産量も少ないという。現にそのオリーブ油のクラシックなガラスの瓶には、一本ごとに生産順の番号がつけられていた。

それからしばらくしてこのオリーブ油に再会したのは、マドリードの食品見本市の会場でのことだった。スペイン各地から出品されたワインや生ハムのスタンドを見て廻っていた私は、見覚えのあるクラシックなガラスの瓶を見つけたのである。

スタンドにいる男性に、私は尋ねてみた。

「このオリーブ油について、前から詳しく知りたいと思っていたんです。どこの会社なんですか？」

やや年配のがっしりしたその男性は、必要以上の愛想を振りまきもせず、他の会社のセールスマンのように積極的な売り込みをする気もなさそうだったが、淡々とした口調で簡単な説明をしてくれた。

「もっとよく知りたければ、工場を見にバエナまで来るのが一番です。いつでもいらっしゃい、歓迎しますよ」

彼がくれた名刺をあとで見た私は、彼がそのオリーブ油会社の社長本人であることに遅まきながら気付いたのだった。

見本市から数週間後。ちょうど私とカルロスは、グラナダの友人を訪ねる予定をたてていた。そのあと大好きな町コルドバに向かうついでに、あのオリーブ油を作っているバエナに寄ってみよう。そう決めたのは、まだアンダルシアの本格的な夏には早いさわやかな五月だった。


グラナダを朝十一時頃出発した車は、一時間半ほどでバエナの町に着いた。捜すほどもなく目的地のオリーブ油工場に行き着いたのは、明らかにこの工場が町で一番有名な会社らしく、確かめるために尋ねた町の人がすぐにていねいに教えてくれたためだった。

「工場」という言葉から想像していた、ごみごみした場所や機械の騒音に包まれた場所というようなイメージとはおよそ違って、その工場は町の中心の閑静な一角に位置し、うっそうと緑の繁る公園の正面にあった。

いかにもアンダルシアらしい漆喰の白い門を中に入ると、いましも出ていこうとしていたジープが横で止まる。降りてきたのは、見本市で会った社長のパコ氏だった。

「いや、グラナダを十一時に出発すると電話で聞いたので、十一時発のバスに乗っていらっしゃるんだろうと思って、バス停まで迎えに行くところだったんですよ」

一回会ったことがあるだけの何の義理もない私を、わざわざ彼がバス停まで出迎えてくれるつもりだったということに、私はびっくりした。

私がこの会社を訪れたからといって、彼には直接何の利益もなければ会社の宣伝になるという当てもない。今回の私は特定の雑誌の取材に来たわけではなかったし、もちろんバイヤーでもなければ輸入業者でもない。邪魔だと迷惑がられても仕方のない訪問なのである。私は、一見無愛想に見えたパコの、その奥にかくされている温かさに触れた思いがした。

彼は、早速工場を案内してくれた。あいにくオリーブ油を作る季節ではない、つまりオリーブの実る季節ではないので、工場の大部分は動いていない。ただ、涼しい地下の貯蔵庫に貯えてあるオリーブ油を瓶に詰め、番号を打って世界各国に送りだすという作業だけが、工場の一角で進められている。ちなみにこの会社のオリーブ油は、スペイン国内よりもいち早くアメリカやドイツなどの国々のエコロジーに関心を持つ人々のあいだで、優れた食物油として注目されてきているのである。

こじんまりした規模の、決して大きくはない工場を廻りながら、パコは彼のオリーブ油について語ってくれた。

いい品質のオリーブ油を作るには、まずいいオリーボ（オリーブの木）が必要である。だからこの会社では、百パーセント自社の畑でオリーブを栽培している。そしてそのオリーブの畑を一年中、手をかけて世話をしなければならない。さらにアセイトゥーナ（オリーブの実）は、ほかのところのように木を揺すって落とすことをせず、手でていねいに摘む。そうすることによって、きれいな実だけを収穫することができるからである。

そうして選んだ実を使えば不純物の少ない油が採れるから、ここでは油をフィルターで漉す必要がない。さらには、オリーブの実を加熱せずに、ゆっくりと自然の圧力だけで油を絞る方式を使うことで、オリーブ本来の香りと味が損なわれずに完璧に保たれる……。パコの説明は、簡潔で判りやすい。それは彼がただ単にマニュアルどおりに繰り返しているのではなく、現実に日夜気を配り、考えていることを話しているからだということが、その話し振りからわかる。

今スペインで、こうして自分で育てたオリーブ畑からオリーブ油を作っているという会社はごく少ない。大部分が、農家から実を買い上げて工場でオリーブ油を製造するだけである。その点、木を育てるところから一貫して自分でやっているこの会社のオリーブ油の質が特別にいいのは、当然のことと言える。

彼は、話の折々にこうつぶやく。

「私たちは、本来アグリクルトール（農夫）なんです。私の家族は七代前から代々オリーブを育ててきた。オリーブ油を作るというのは、工場で機械や車を作るのとはわけが違う。オリーブを育て、オリーブを実らせることが何より大切な仕事で、工場で油を作るのはほんの最後の工程だけ。だから、農夫でなくちゃあいけないんですよ」

その代わり商売人としては余り優秀とはいえないね、と整理が行き届いているとは言いかねる雑然としたオフィスを指し示しながら、パコは笑う。オフィスで働いている青年も相槌をうって、

「そうですね、パコに任せていたら、もしあなたが日本からファックスを送っても返事はずっと届かないでしょうね」

と笑う。会社全体が、いかにもパコの性格にふさわしく明るく気取りのない雰囲気で、ゆったりと慌てずいそがず、アンダルシアらしいリズムで動いているのが感じられる。

去年十一月の収穫によるオリーブ油のテスティングを勧められて、私はグラスに注がれた黄金色の液体を少量、口に含んでみた。まずかすかなほろ苦さが舌に感じられ、それから秋のオリーブ畑そのものをイメージさせるようなまろやかで芳醇な香りが、ほのかな甘みとともに口の中に広がっていく。パコたちの一年間の仕事。畑での仕事、工場での仕事、それらすべてがこの味と香りのなかに凝縮されて詰まっている。その豊かな香りは、かつてバスクで、あるいはマドリードでテスティングした時よりもっと鮮烈な印象である。

「それは、この油がまだ出来立てで若いから。そして、ここバエナの空気のなかで、一番生き生きとしているからでしょう」

彼のオリーブ油を褒める私の言葉に、パコは心底嬉しそうに、そして誇らしげに頷くのだった。

工場を見終わるとパコは、ジープで私たちをオリーブの畑へと案内してくれた。町外れのゆるやかな山が始まるあたりから延々と連なるオリーブの木々が、乾いたアンダルシアの大地に鮮やかな縞模様を織りなしている。

「このあたりは、四年前に植えた畑です。その向こうが二年目の畑。私も弟たちも、我々一家はこの畑とともに生きてきたんです……」

一本ずつの木を愛情を込めて眺め、時折気掛かりそうに触れてみる彼を見ていると、オフィスではなく畑にこそ本当の仕事がある、と言った彼の言葉が実感を持って伝わってくる。畑を吹き抜ける風の音以外は、全ての喧騒から切り離された別天地で、私たちはパコが語るオリーブと彼の一族の物語に飽きることなく耳を傾けたのだった。

町に戻ると、パコは私たちを昼食に誘ってからこう尋ねた。

「食事の前に、一カ所寄り道していって構わないでしょうか？　私にとっては何より大切な用事があるんです」

私たちが、勿論どうぞと答えると、彼は歩きながら話し始めた。

「私と家内には長いあいだ子どもがなかったんだが、四年前ついに子どもができたんです。私たちが、どんなに感激したことか！　ただ、この子はダウン症でした。この病気が治らないことは、あなた達も知っているでしょう……。でも、イワンが私たちの最高の宝物であることに変わりはない。元気にしているかどうか、家に寄ってイワンの顔を見ていきたいんです。そして、こうして友達になれたあなたたちにも私の息子を紹介したい」

ちっとも暗いところのない、明るく愛情と確信に満ちたパコの言葉は私を感動させた。

「確かに、それは何より大切な用事ですね。喜んでお供します」

古い門構えの家に入ると、ひんやりした玄関で年老いた婦人がパコを出迎えた。その顔だちと威厳のある眼差しから、言われなくても彼女がパコのお母さんであることがわかる。

彼女は、私たちを温かく抱擁して歓迎の言葉を述べてから、パコに言うのだった。

「私たちの坊やは、今日はとても元気よ。今、台所で遊んでいるわ」

世話をする女性の腕に抱かれて玄関まで来た小さなイワンを、パコは何も言わずに抱き締めた。透き通るように色の白い、きゃしゃな体と淡く澄んだ青い目をしたこの小さな少年に紹介された私もまた、無言の祈りを込めてその頬にキスをした。

オリーブの収穫期に再び訪れることを固く約束して、私たちはパコに別れを告げた。パコの誠実な別れの言葉は、単なる儀礼ではない真実の響きを持っていて、コルドバへと向かう道々ずっと私の心を温かい思いに満たしてくれたのだった。

オリーブと共に生きる人々

パコたちと知り合って度々バエナを訪れるようになった私は、パコを長男とする四人兄弟のつながり、家族の絆、さらにはこの一家の在り方についても色々と感じるようになった。

元々は弁護士だったというのに、どちらかというとおっとりした性格で闘争的なところのまるでないパコ。初めから農業を志してオリーブ一筋に生きてきたアンドレス。学校の教師で冷静沈着なアントニオ。皆に可愛がられてきた末っ子らしく素直で真面目なフェリペ。それぞれが、その個性と技能を生かして助け合っている。

勿論、人間同士の葛藤はどんな家族にもあるだろうけれど、「オリーブ作り」という一点で結びついたこの家族には、いくらかの凸凹や損得を越えていくだけの絆がある。事務所に今も飾られたお祖父さんの時代の会社のセピア色になった写真にも、そんな家族の誇りが込められているのだろう。

この一家はまた、何代にもわたってバエナでもっとも大きな企業主であり地主であった。古くからの大土地所有が残るアンダルシアでは珍しくないことだが、かつては多分バエナの町の大部分の人がなんらかの意味でこの一家に依存して生計をたてていた時代もあったに違いない。さすがにスペインでも、そういう社会構造は過去のものとなりつつあるけれど、都会ならともかく田舎の町では「かつての地主」「かつての支配者」といったイメージは簡単に消えない。そういう家族が、なんらかの意味で過去と決別して現代社会の在り方のなかで町の人々と共存するというのはなかなかに難しいことだと思うのだが、パコ一家を見る限り、彼らはその転換を上手に乗り切ってきているように思える。それというのも、彼らの富が座して築かれたものではなく、彼ら自身も共に働き、ともにオリーブを見守ってきたからだろう。

ある時、パコが語ってくれたことがある。

「私の家族は一七九五年、私から数えて七代前にリオハからこの町に移住してきてオリーブ栽培を始めたんだ」

リオハ地方は、スペインでもっとも重要なワイン産地である。一方バエナは、ローマ時代からオリーブ栽培の中心地として栄えてきた。ワインの地からオリーブの地へ――内容こそ違っても、それは豊かな農耕地帯から、別の農耕地帯への移住だったわけである。

「祖父の時代には既にかなり広いオリーブ畑を持っていたが、私の父は十一人兄弟だったので、父が受け継いだのはその畑の十一等分の一だった。母の家族もオリーブ農家だったがこちらも十人兄弟で、受け継いだ畑は十分の一。しかし結局、家族のなかで本気でオリーブ栽培に取り組んだのは父だけだったんだ。だから次第に兄弟の分の畑も買取り、現在の会社の基礎が出来上がった。

我が家には昔から、家業の傍ら政治にも参加して地元に貢献するという伝統があり、祖父も父もコルドバ県での要職についていた。でも父は政治的なこと以上に、オリーブ栽培に強い情熱を持っていたね。他の人達のような不在地主になるつもりはなく、畑で、あるいは工場で実際に仕事を監督するのが好きだった。十年前に亡くなるまで、本当にオリーブと共に生きてきた人だった」

パコの奥さんのコンチャは医師に準じる資格をとり、近くの無医村の診療所で毎日働いている。地域社会に貢献するという家族の伝統は、この世代にもちゃんと受け継がれているし、だからこそ町の人たちがパコ一家を見る目にも敬意のなかに温かさがある。

そんなパコをオフィスで助けているのが、三男のアントニオ。大学ではスペイン文学を専攻したが、「兄弟のなかで書類仕事ができるのは僕だけらしいということが判ったので」自分の仕事の合間をぬって、このオフィスに通うことになった、とパコと顔を見合わせて笑う。

オリーブを育てるというもっとも大切な仕事を取り仕切るのがアンドレス。そして、会社の仕事全般を兄たちから学びつつあるフェリペを加えた四人兄弟の全員がオリーブ油作りという家業を受け継ぎ、守っているのである。

パコがいつも、「うちほど一貫してオリーブ油作りをコントロールしている会社は少ない」と自慢するのも無理はない。畑では一年中、アンドレスが先頭にたって指揮をとる。オフィスはアントニオが守る。工場ではフェリペがオリーブ油の瓶詰めに励んでいる。海外で見本市があればパコが自らでかけていって、自分たちのオリーブ油の説明をする——確かに、これほど一貫して、しかもひとつの家族の手で作り出され、管理されているオリーブ油も珍しいだろう。

ある年の冬、雑誌の取材もかねて収穫期のバエナを訪れた。

畑に案内してくれたのは、勿論アンドレス。私たちがジープで向かったのは、町から七キロメートルほどのところにある、自社所有のフィンカ（農園）のひとつだった。およそ四百ヘクタールというこのフィンカは小さな川に沿って始まり、五キロ向こうの丘陵を越えた地平線まで続く。見渡す限り、いぶし銀に光るオリーブの木々の連なりが、海のようにうねっている。このあたりの土地は石灰質を多く含んでいて水をよく貯え、少ない降雨量に堪えて良質の作物を実らせてくれる、南部スペインでは貴重な土地質である。

オリーブの木のあいだを縫って、収穫をしているところへと向かう。空気は冷たいが、アンダルシアの太陽は冬の朝でもあざやかな澄んだ光を大地に投げかけている。

「昔は数種類のオリーブを混ぜて植えていたんだけれど、今はブロックごとに種類を決めて植えるんだ。バエナのオリーブ油は、ピクード、ピクアル、オヒブランカを中心とする一三の品種を混ぜて作るんだが、うちでは、どの種類がどの畑に植えてあるか、きちんと把握しているよ」

アンドレスは若いときからオリーブ栽培を仕事と定め、常にオリーブと共に暮らしてきた。畑を歩くのが何より好きだったという父親の血は、四人兄弟のなかでもこのアンドレスに、とりわけ濃く流れているのだろう。

畑の一角で、十人余りのグループがオリーブの実を収穫しているのに出会った。

「彼らはセビージャのモロンという村から来ている、『手摘み』専門の職人なんだ。総勢一四〇人ほどが、十一月末から一月中旬までの収穫期の間働いている」

普通、オリーブ油用の実の収穫は、バレアール（揺する）といって、木を揺すって実を落とす方法をとる。しかし、その方法だと、既に地面に落ちていた、熟れ過ぎた実や腐った実が混じってしまう。それを防ぐために、ここでは「手摘み」をしているのである。このプロセスも、ここの大きな特徴のひとつである。

「彼らは、父の代からもう二十年以上も来ている人達なんだ。最初は父親の手伝いで来ていた男の子が今ではグループのリーダーだし、若い娘さんだった人にはもう、二十歳の娘がいるし」

アンドレスは、彼らの一人ひとりと言葉を交わしていく。

「オリーブの収穫量は、気候に大きく左右される。今年は秋に入ってからの雨が少なかったので、ピクアルは実が小さいし量もやや少ないけど、実の質はとてもいい……」

アンドレスは気づかいを込めて木に触り、実をひとつずつ手にとって見ていく。そこには、出来上がった商品としてオリーブ油に接するのでは生まれることのない、オリーブそのものへの愛情が感じられる。

手摘みだから、実が木から落ちる前に収穫してしまわなければならない。アンドレスと畑の監督は、その年の気候や木の状態を考慮して、どの畑から収穫を始めるか決め、強い寒さが来て実が落ち始めるまでに収穫を終えるように、職人たちを配置していく。それは、科学だけでは割り切ることのできない、何代にもわたって培われてきた経験が必要とされる作業である。

もうひとつ、ここの畑で気がつくのは、オリーブの木と木のあいだに様々な草の下生えが繁っているということだろう。近年、除草剤を使ってこれらの草を一掃しているところが多いのだが、ここでは故意に、自然に生えて共存する草は残し、一切の化学物質を使わずに有機栽培をしているのである。

「スペインではまだ普及していないけど、うちでは早くからエコロジーを考えた農業をしてきた。ドイツやアメリカでは、そういう観点からうちのオリーブ油に注目しているね」

工場に戻ると、オリーブの実を積んだトラックが、次々と到着するところだった。トラックから、二つの大きな漏斗にオリーブの実が注がれる。一方がピクード、もう片方がピクアル、オヒブランカを中心とする数種の混合である。これらの実がモリーノ（石臼）へと運ばれると、二世紀前から全く変わらないオリーブ油抽出の工程が始まる。花崗岩製の巨大な石臼も、いまやこの工場以外では博物館にでも行かなければ見られないという歴史的なものである。

轟音をたてて回る臼でざっとつぶされたオリーブは、網をはった筒のような機械へと送られる。この筒がゆっくり回るにつれ、ペースト自体の重さによって、濃い色の液体が滲み出てくる。これが、「フロール・デ・アセイテ（油の花）」と呼ばれる、ここ独自の製品。フロールとは、圧縮せずに絞った、オリーブ油のもっとも質のいい贅沢な部分なのである。

フロールをとった残りのペーストは、プレシオン（圧縮）の機械へと流されていく。ペーストのあいだにカパッチョと呼ばれるココヤシの繊維で編んだ円盤状のものをはさんで巨大なサンドウィッチ状にし、それを機械で圧縮する。こうしてとれたのが、エクストラバージンオイル。この会社では、さらに上質のフロールがあるために二義的な製品として扱われているが、通常なら、これも充分に高品質のオリーブ油である。

次が、デカンタシオン（浄化、上澄みをとる）の工程である。水分が油の下に溜まるという現象を利用して、深い枡から枡へと油を移動させながら、油のなかの水分を取り除いていくのである。大部分の工場で使われる遠心分離と違ってオリーブを加熱しないので、風味や香りを損なうことがない。ここのオリーブ油はフィルターで濾過しないので、これで製造過程は終わりとなる。

「手摘みの新鮮なオリーブだけを使っていれば、濾過する必要はない。紙のフィルターで濾過すれば、わずかとはいえ紙の匂いも残るし、微妙な香りや味が失われるからね。無理な圧縮をしない。遠心分離にかけない。濾過しない。夏の高温で質が悪化する心配のある野外のタンクに保存しない——すべてのプロセスが、うちのオリーブ油をよそとは違う特別なものにしているんだ」

その言葉を裏付けるように、工場内は、新鮮なオリーブのフルーティで甘い香りに満ちている。そして、ひんやりと感じるくらいに涼しい。

デカンタシオンのあと数カ月寝かして、オリーブ油が完成する。但し、フロールの場合はそのあとで更に、カタール（試飲）、そしてクパージュ（ブレンド）という工程が待っている。

試飲では、香り、口に含んだ時の味、そして飲み込む時に喉で感じる味という三点をチェック。その結果によって、各収穫時期の油、各品種の油をブレンドして、常に一定の個性をもったオリーブ油を完成させるのである。

パコが、私にもカタールを試してみるよう誘ってくれた。

「深くフルーティな香り。口に含んだ時のはっきりした風味。飲み込む時に感じられる、ほのかな辛さと苦さ――これが、うちのオリーブ油の個性のおおよその特徴だね。そのために、より個性の強い早い収穫期の油と、次第にマイルドになっていく遅い収穫期の油をブレンドしたり、各品種別のバランスを決めていくんだ。これは長年の経験と鋭い感覚を必要とする作業だね」

フェリペも、パコにアドバイスを受けながらカタールに挑んでいた。完璧なカタールをするには、まだ長い時間が必要とされるらしい。もちろん私には、違う収穫期の油をはっきり区別することさえ難しかった。

バエナと呼ばれるオリーブ油の指定産地は、バエナを中心として周辺の四つの小さな村を結んだ地域から成り立っている。パコが、指定産地全域が見渡せる山の上に案内してくれた。見下ろすと、オリーブ畑の広がる地域とその限界が、はっきりと判る。――少し離す高度が高すぎても、温度が下がるので適さない。低くても、風の流れないところは凍るから適さない。これらの条件を満たす場所が、ローマ時代以来の長い年月のあいだに自然に選ばれて、優れたオリーブの産地として定着してきたのだ――というパコの言葉を、目で確かめることができる景色である。

「父から我々兄弟が受け継いだのは、『古くからの経験と最新の知識の融合』ということだと思う。手作業でなくては作れない良質の油を作るにしても、その品質の裏付けには、科学的な知識が必要だからね。

うちのオリーブ油は、いわばオーダーメードの服のようなもの。レディメードでもかなりいい服を作れるけれど、手縫いの服とはやはりどこか違うだろう？　だから私は、うちのオリーブ油の値段が高いと言う人に、バエナに来て見て下さい、と言うことにしている。オリーブ油が完成するまでに我々がどんなに手間をかけているかを知ってもらうためにね」


出発の日の朝、私は「デサユーノ・モリネーロ（精油所の朝食）」に招かれた。工場のなかに小さなパン焼き竈のある一角があり、そこで伝統的な朝食をとるのだという。

「昔は毎日のように、精油所で夜勤の終わる人達と、これから仕事につく人達が集まって、ここで朝食を食べたんだ。仕事が終わった人はワインと一緒に、仕事が始まる人はコーヒーと一緒にね」

木の食卓には、ふんだんな食べ物が並べられた。オリーブの枝を燃やす竈で焼いた、香ばしいパン。そのパンに塗るのは勿論、香り高い今年出来立てのオリーブ油。さらにイベリコ種の豚の生ハム、ソーセージ類、トルティージャ（スペイン風のオムレツ）等々――スペインの雑誌で、この朝食のことを「神々の御馳走」と呼んでいたのがうなずけるような、シンプルながらも豊かな食事である。

そして食卓には、四人兄弟の顔が並んだ。食べ物にうるさく料理も好きだというフェリペがパンを焼き、ソーセージを切ると、アントニオがコーヒーを入れる。アンドレスは、朝から畑のことで頭がいっぱいの様子。パコが長男らしく、皆に気を配る。

「スペイン全体から見れば、うちで作るオリーブ油の量は、ごくごくわずかでしかない。でも私達はあくまで、少量でも最高の品質のオリーブ油を作っていきたいね」

祖父から父へ、父から息子達へと受け継がれてきた仕事に、それぞれの立場から真剣に取り組む四人兄弟の言葉は、彼らの作るオリーブ油の風味にも似てきっぱりと誇らしく、しかもさわやかだった。

アンドレスを悔む

「早く連絡しようと思ってはいたんだが――アンドレスが急に具合が悪くなって、十九日に病院で亡くなったんだ。それで、君に仕事の連絡をするのが遅くなってしまった……」

留守番電話に吹き込まれたパコの声は続いていたけれど、その話はもう私の耳には届いていなかった。

アンドレスが亡くなった。

つい一カ月余り前、癌との戦いでやつれているとはいえ、いつもと同じ情熱を込めてオリーブについて語っていた、あのアンドレスが。

夏にはきっと、もう少し元気な彼と一緒にオリーブ畑を歩き、語りあうことができると楽しみにしていたのに……。

パコにお悔みの電話をしなければ、と思いながらも、日本語でさえ苦手な「お悔み」をスペイン語で言わなければならないことの辛さが私をためらわせていた。

「オリーブは、ここのような過酷な自然のなかで生きるように運命づけられた木なんだ。どんなセキア（旱魃）にも堪え、コルドバの猛暑にも堪えたかと思うと、ほんの一日早く来てしまった春のせいで実が少ししか実らない年もある。オリーブは自然の気まぐれに屈する時もあるけれど、最後には自分自身の力で生き延びる。我々は、ほんのわずかな手助けをしているだけだよ……」

アンドレスの低くややかすれた声とオリーブの木々のそよぐ音が、今あざやかに聞こえた気がして、私は涙がこぼれるのをこらえることができなかった。

私がこの一家と知り合って、もう何年もの月日が流れている。毎年のように東京の見本市に来るパコとは、その時に会うのを楽しみにしている。最近はフェリペがマドリードの見本市に来るようになったので、奥さんのロシオと三人で食事に行って楽しくおしゃべりしたこともある。パコの奥さんのコンチャとは電話でなにかとおしゃべりをする仲だし、息子のイワンは私のお土産を楽しみにしていてくれる。でもバエナを訪れる時に誰よりも会いたい人、それはアンドレスだった。

バエナ――コルドバから南へ山を越えたところにある、アンダルシアらしい白い家々の寄り集まったこの町は、その周囲を波うつようなオリーブ畑にぐるっと取り囲まれている。そしてそのオリーブについて誰よりもよく知っている人こそ、アンドレス・ヌニェス・デ・プラドだった。長男で経営、営業その他色々を引き受けているパコはいつも口癖のように、

「私が社長だというのは、他の兄弟がやらない雑用が全部廻ってくるということで、つまり雑役係でもあるんだ。オリーブを本当に知っていて世話しているのはアンドレスだよ」

といっていた。それはむろんパコの謙遜でもあったけれど、確かにアンドレスなくしてこの一家のオリーブ畑はない、と言ってもよかった。

パコをはじめとする四人兄弟は皆、家業であるオリーブ油作りになんらかの形で携わって働いている。しかし、オリーブ一色に染まっているこの一家のなかでも、文字通りオリーブと一緒に生きてきたのはアンドレスだったのである。

二度目にバエナを訪れた時だろうか。例によって「雑用」で忙しいパコの代わりに、アンドレスが私を畑に案内してくれた。ジープを運転してオリーブ畑に入っていく彼の横顔を見ながら、私は

「アンドレスは、畑の一本一本のカジェまで区別がつくんだよ」

というパコの言葉を思い出して、一人うなずいた。

カジェとは「通り」という意味だが、この場合には、オリーブが列になって植えられている、

そのあいだの通り道の部分を指す。次々に連なっているそのカジェのどこかにアンドレスを目隠しして連れていったら、彼はそれがどこの畑のどの部分のカジェであるかを答えられる、とパコは言ったのである。

オリーブの木に向けるアンドレスの眼差しには、確かに彼が、その一本一本を見知っているとしか思えない温かさがある。子どもの成長を見守る親のように、あるいは自分の患者を診察する医師のように、彼はオリーブの状態をチェックしていくのである。

同時に、畑の監督や働いている人たちがアンドレスに向ける尊敬と親愛の情のこもった目付きも、私を感動させた。風に揺れるオリーブのただ中で仲間に囲まれて、どの畑に手入れが必要か、今年は収穫をいつ始めるかなどと相談しているアンドレスは、船乗りたちに慕われる優れた船長のように頼もしく、厳しくてしかも温かだった。

その日から私は、アンドレスのファンになったのである。

大学で農業工学を専攻してから故郷のバエナに戻ったアンドレスの頭にあったのは、オリーブ栽培の将来、言い換えればアンダルシアの将来だった。

アンダルシアの乾いた大地に好んで根付く作物は少ない。オリーブ栽培の発展なくして、この広大な土地の将来は存在しない。彼はそのためのキーワードとして「有機栽培」と「特別なエキストラバージンオイル」という二つのポイントに着目した。

まだアンダルシアには、有機栽培とは何かを満足に知る人すらほとんどいなかった時代のことである。そしてオリーブ油の品質に関しても、彼が実践しようとしているほどのこだわりを理解する人は少なかった。

「雑草の生えた畑？　農薬を噴霧しないでオリーブを育てる？」

「加熱もしないで、それどころか圧力もかけないで搾油する？　それじゃあ、ほんの少ししか絞れない。どうせ金持ちの道楽だろう……」

しかし、彼の努力は次第に実を結んでいった。そこにはもちろん、経済面をバックアップして彼の理想を支えてくれる兄、パコの存在も大きかった。フランコ独裁政権下の厳しい年月。経済的に揺れ動きの激しかった八〇年代。九〇年代にはヨーロッパ市場への参入による混乱……。時代が揺れ動いても、アンドレスの方針は揺らがなかった。そして遂に彼ら一家のオリーブ油は、スペインを代表する良質な油として知られるようになり、ヨーロッパのいくつものコンクールで優勝することでその素晴らしさを証明してみせた。かつてアンドレスを批判した人々が、こぞって後に続き、真似をする時代がきたのである。

今日ではスペインでも、上質のオリーブ油といえばほとんどすべてがエキストラバージンオイルの基準を満たしている。アンドレスたち一家の成功と人気にあやかろうと、よく似たボトルに入れてオリーブ油を販売する業者まで何軒も現れた。しかし、アンドレスが丹精した有機栽培の畑は一朝一夕で作れるものではないし、手摘みのオリーブの「フロール」も簡単に作れるものではない。依然としてアンドレスの業績は、追随を許さないものとしてその地位を保っているのである。

折しもアンダルシア評議会が、アンダルシア州に重要な貢献を成した人に贈られる「アンダルシア賞」をこの一家に授与することを決め、その授賞式にアンドレスが臨んだのは、死のほんの三カ月ほど前のことであった。そういう晴れの場に出ることを嫌がる照れ屋のアンドレスを敢えて家族の代表として行かせたのは、癌で気落ちしている彼を元気づけたいというパコの思いだった。そしてこの日が、アンドレスがおおやけの場に姿を現した最後となった。授賞式ではにかみ、照れていたアンドレスはまるで少年のようだった、と顔見知りのジャーナリストは私に語ってくれた。

アンドレスは、会う度に深く知り合うことのできる、知るほどにその魅力が分かってくるというタイプの人だった。

オリーブ栽培、オリーブ油作り一筋に生きてきた彼は普段は無口で、自分一人の世界に生きている人独特のなごやかな沈黙、とでもいうべき静けさのなかに生きていた。

その彼が、オリーブについて語る時だけ雄弁になり、ロマンチストになり、詩人になるのだった――いや、心の奥底では彼は常にロマンチストであり詩人だったのかもしれない。しかしぶっきらぼうなまでに照れ屋の彼が、少なくともことオリーブに関する時だけは、そういう情熱を我々に垣間見せたのである。

彼が独身だと聞いて、

「それは、あなたの永遠の恋人がオリーブだからでしょ?」

と私が冷やかすように尋ねると、彼は笑いながらも真顔で頷いたものである。もしかしたら、余りにもロマンチストの彼は、一人の女性を日々の生活の伴侶とすることで現実の存在に貶めるよりも、女性すべてを崇め讃えることを選んだのではないかな、などと私は想像していた。

その想像が当たっているかどうかはわからないが、アンドレスが私をも含めて女性に接する時の態度は、中世の騎士を思わせるような丁重な敬意に満ちていた。もちろん彼の一家は皆生まれながらの紳士で、パコも常に最大級の敬意を込めて私を遇してくれるけれど、アンドレスほどに、あたかも騎士に伴われた貴婦人であるかのように感じさせてくれる人はほかになかったのである。

バエナからほど近い山の中腹に埋もれた小さな村、スエロを訪れた時、

「いつかこの村にゆっくり来て、心ゆくまで散歩したいわ……」

と言うと、アンドレスは深く頷いて答えた。

「僕もこの村が大好きで、時々ぶらっと来るんだ。細い路地を抜けた時にふっと漂ってくるジャスミンの香り。白い壁にくっきりと映る小さな家の影　何も考えないで、その瞬間を生きることができる。それが素晴らしいよね。いつでも、君のいい時にお供するよ。そして、好きなだけ散歩に付き合うよ……」

その約束を果たさないまま、彼は白い村から青い空のかなたへ旅立っていってしまった。

かつて、彼ら家族のオリーブ油作りについて書いた記事のなかで、私は四人の兄弟を「四銃士」と呼んだ。より優れた品質のオリーブ作りを目指すフロンティアとしての彼らの努力と、それぞれが異なる資質を持ち寄って助け合っている四人の様子が思いつかせた言葉だった。少しそそっかしくて陽気なパコがダルタニャンだとして、アンドレスは誰だったろうか。知的で聡明な点ではアトス。純粋さ、一途さという点ではポルトスだろうか。いずれにしても、今彼らは「三銃士」だけになってしまった。オリーブ畑を守る騎士としての三人にとって、アンドレスの不在は大きな痛手となることだろう。

私自身だって、もっと色々アンドレスに教えてほしかった。彼のオリーブ畑での哲学を聞かせてほしかった。

いや、アンドレス自身こそ、どんなに心残りだったことだろう。去年から計画していた新しい灌漑計画。新しく植えたばかりのオリーブの苗の畑。有機栽培に関するさまざまな思いつき……それらすべてを残して旅立っていった彼こそ。

やっと気持ちを奮い立たせてパコに電話をかけ、うまく言葉にならないお悔みをつぶやく。癌は治療で抑えられていたけれど、その治療のせいで抵抗力が弱まっていた、と淡々と語るパコの声は、強いて元気そうに装ってはいたが、思ってもみなかったほど早い弟の死の衝撃を隠しきれてはいなかった。

電話のあとパコが、一枚の新聞記事のコピーを送ってきた。

「アンドレスの追悼記事のなかで、これが一番よく書けていると思う。できたら、日本の友人たちに渡すために翻訳してほしい」

「オリーブ畑での服喪」と題されたその記事は、こんな文章で始まっていた。

——その日夕暮れと共に、バエナのオリーブ畑の木々は、その銀色の葉を喪の色に染めた……。

そうだ、誰よりもアンドレスの死を悼んでいるのは、彼のオリーブたちに違いない。心からいつくしみ、丹精してくれたその人が、どんなにかけがえのない存在であったかということを、オリーブたちは一番よく知っているのだから。

彼は妻も子どもも残さなかったけれど、オリーブの木々に、毎年の実りのなかに彼の生きた証は伝えられていく。これからパコたちが作っていくオリーブオイルの一本一本にまで、アンドレスの思いは宿っている——そう思った時初めて悲しみが和らいでいく気がして、私はやっと、ただ穏やかに彼の冥福を祈る気持ちになることができたのだった。

アンドレス・ヌニェス・デ・プラド、享年五十四歳。コルドバ県バエナに生まれ、バエナに没す。

今年もまた季節は巡ってくる。アンドレスを失ったあとも、パコたち一家はオリーブ作りに励んでいる。アンドレスが準備していた畑の灌漑も完成し、オリーブの木々は順調に一年一年と成長している。

パコはコルドバの大学に、アンドレスの名前で基金を設立した。

「彼のように、アンダルシアの農業に新しい息吹を吹き込もうという意欲をもつ若者たちを、一人でも多く育てるために」

と言いながら、パコは少し涙ぐんでいた。

小さなイワンも元気に育って、初聖体拝受を受けた。フェリペとロシオには待望の男の子が生まれ、家族皆の祝福を受けてアンドレスと命名された。

アンダルシアの命の営みは続いていく。そして、土を耕してものをつくり出す文化――アグリカルチュアに生きる一家の思いは、今年も瓶に詰めて世界へと送り出されるオリーブ油のなかに込められて、遠い大地のぬくもりを私たちに伝えてくれるのである。

スペインの食いしん坊たちは何を食べるか？

――バスクの海辺・食べ歩き――

美食の宝庫、バスク

バスク地方が大好きで、毎年のように夏になるとここを訪れる。冷たく澄んだビスケー湾。そのまま絵にしたいような鄙びた漁師町。趣のある農家をちりばめた、緑の鮮やかな沃野。そのうえ夏のバスクは、灼熱のマドリードと比べると砂漠のオアシスのように涼しくてさわやか——しかし私にとって何より大切なのは、ここが古くから美食の地としてスペイン中にあまねく知られている、食いしん坊にとっては天国のような土地だということである。

なぜ、バスクが美食の地となったのか。それはここに、料理文化が発達するために必要な条件がすべて揃っていたからである。その条件とは、素材。料理人。そして食べる人の三つである。

大西洋からの海流が入り込んで複雑な水の動きを生み出しているビスケー湾は、ヨーロッパでも屈指の漁場である。だからビスケー湾沿いにはスペインを代表するような優れた漁港が連なっているが、そのなかでももっとも東寄りでフランスに隣接するバスク地方沿岸部は、良質の魚介類の宝庫として知られている。

メルルサ、スズキ、マダイ、シタビラメ等々、このあたりで水揚げされた魚は首都マドリードをはじめとする各地の卸売市場に運ばれて高値をつけられ、高級レストランの食卓に登場する。一方スコットランド海域で漁をしてきたタラ漁船もバスクの港で荷揚げし、ここで最高の品質の干ダラが作られる。スペインでは、干ダラをただバカラオ（タラ）と呼び、反対に生のタラをバカラオ・フレスコ、つまりわざわざ「新鮮なタラ」と呼ぶほどに干ダラが食生活に密着しているが、その干ダラの産地としてもっとも有名なのもバスクなのである。

内陸の沃野からは、質のいい野菜が採れる。バスク地方自体の面積はそれほど大きくはないから農作地帯も広大というわけにはいかないが、その南隣には「海のないバスク」と呼ばれるナバラ地方が連なっている。このナバラで採れるスペイン最高のアスパラガス、赤ピーマンなどがそのままバスクの市場にはこばれるから、バスクの青物市場の質の良さは折り紙付きである。

バスクでは海はそのまま青々と繁る牧草地帯に続いている。その草を食べて育った牛や豚の質もいい。逆に、他の地方に比べるとそれほど羊が目立たないのは、ここが降雨量の多い温暖多湿の地だからである。羊なら、もっと雨量の足りない土地でも生き延びる。しかし牛は湿潤な、草の豊かな土地でしか育たない。だから北部スペインには酪農地帯が集中しているのであり、牛乳を使ったチーズの逸品があるのもバスクを中心とする北部ビスケー湾沿いの地方なのである。

そして飲み物。バスクはワイン産地として名高いというわけではないけれど、この土地独特のチャコリ（やや発泡性のある白ワイン）やシドラ（リンゴ酒）がある。いずれもバスクの料理によく調和し引き立ててくれる。それに最近では、高級ワイン産地リオハにくい込んでいるバスク地方の部分、つまりリオハ・アラベサと呼ばれる部分も話題にのぼることが多い。この一帯では、リオハのなかでも新しいタイプの個性的なワインが作られ始めていて、これが世界的に注目を浴びているのである。

素材は揃った。次は料理人である。つい最近までスペインでは、優れた料理人といえばバスク出身と相場が決まっていた。勤勉、我慢強い、力持ち等々、一般にバスク人の資質といわれるものは、なるほど料理人という仕事に適しているのかもしれない。ここ二十年ほどのコシーナ・ヌエバ（新しい料理）と呼ばれる料理界の動きも、彼らバスクのシェフたちから始まった。「伝統料理に新たに取り組もう」というこの動きはスペイン全土に広がったけれど、バスクでの盛り上がりはどこよりも充実していたし、そのおかげでこの地方の料理のレベルは一段と上がり、優れたシェフが更に続々と生まれるという嬉しい結果を生んでいる。

そして最後に、食べる人。どんなに料理人がいても、それを喜んで食べようという人たちがいなくては食文化は成立しない。その点、バスクの人々は昔から、スペインでも随一の食いしん坊として名を馳せてきた。

それもただの食いしん坊ではない。「食べることへの飽くなき熱意」と「食べることにお金をかけるだけの経済的なゆとり」を併せ持った食いしん坊である。これはとても大切なことで、この条件が揃っていないと、おいしい料理を発展させるための「食べる人」にはなれない。

例えばバスク地方には昔から「チョコ」という伝統がある。これは、料理好きの男性たちが集まって自分たちで料理を作って楽しむという同好会のようなもので、何故か女人禁制なのだが、彼らは一人ひとり、「我こそはバカラオ・アル・ピルピル（タラの料理）の名手！」「これよりうまいサルサ・ビルバイーナ（ビルバオ風ソース）は作れまい！」などという自信に満ちて、ひたすら料理に取り組んでいるのである。

自分で手間隙かけてでもおいしい料理を追求するくらいだから、プロフェッショナルへの要求は更に厳しい。値段が高くてもいい。新しい変わった料理でもいい。本当においしければ、その店に通うことでシェフを応援する――こういうバスクの人々の存在こそが、バスクの「食」を育ててきたのである。

さて、すべての要素は揃った。いよいよ今年も、バスク食べ歩きの旅の始まりである。今回の食の巡礼は、美しい海辺の町サン・セバスチャンから始まった……。

タパスの文化圏

スペイン独特の食の形態のひとつに、「タパス」がある。これは、日本で言うおつまみ全般を指す言葉で、食前、あるいは食事と食事のあいだにつまむものすべてが、このタパスに含まれる。ただし――ここが少しややこしいのだが――食事に出す料理とタパスとして出す料理に歴然たる区分があるわけではない。何故なら、タパスという言葉は料理の種類やタイプを指すのではなく、おつまみとして出す、ということしか意味していないからである。

例えば、トルティージャ（スペイン風オムレツ）。この丸く焼いたスペイン名物のオムレツを大きく切って、あるいは丸ごと食卓に出せば、立派な食事のための料理。しかし同じトルティージャを小さめに切って出せばタパスになる。あるいはエンサラディージャ（ポテトサラダ）も、たっぷり出せば食事の一皿目。小皿で出せばタパスになる。つまり簡単に言ってしまえば、食事以外の時間に酒のつまみとして少量出せば、なんでもタパスになるのである。

そのタパスには、地方ごとにはっきりした特色がある。アンダルシアなら、シェリー酒にハブーゴ産の生ハム。ガリシアではリベイロの白ワインにタコのパプリカ風味、というように、タパスとワインは一体となって歴然とした食の文化圏を形作っているのである。

バスクは、このタパスを芸術の域にまで高めた地方として近年とみに名声を馳せている。その中心となっているのがギプスコア県、すなわちフランスとの国境に程近い小さな町サン・セバスチャアンを中心とする一帯で、ここは以前からピンチョスと呼ばれるおつまみで知られていた。

ピンチョスとは、ピンチャール（突き刺す）という動詞から来た言葉で、楊枝で突き刺したこの地方独特のおつまみに付けられた名前である。サン・セバスチャンの町では、どこのバルにもピンチョスがある。バルのカウンターの上にいくつもの大皿が置かれ、それぞれの皿に違う種類のピンチョスが盛られている。一切れのパンに茹で卵やアンチョビー、海老などを載せたもの。焼いたピーマン。フライにした魚。どれもぱくっと一口で食べてしまうのに手頃な大きさで、しかもそのほとんどに楊枝がちょんと刺してあり、これはお客にとっても扱いやすく食べやすい。

このピンチョスをより高級なものに改良しようという意欲的な料理人たちが現れたのは、ごく近年のことである。元々バスクは、スペインでももっとも系統立った料理の世界を持ち、優れた技術と情熱を併せ持った料理人を豊富に産してきたところである。「バスクのピンチョスをスペイン中の流行にしよう!」という彼らの熱意は見事に実り、かくしてガストロノミア・デ・ミニアトゥーラ(ミニチュアの美食)と呼ばれる新しいタパス文化が生まれるにいたったのである。

ピンチョスそのものが洗練され、凝ったものになっただけではない。ついには、「ピンチョスだけでメニューを組んで、食事として出す」という店まで現れた。しかしこれは、日本人である私には別に感激がない。だって「料理が少量ずつでてくる」こと自体は、日本料理ではごく当たり前で珍しくもなんともないし、それを言うなら懐石料理などは、タパスだけが次々でてくるようなものである。その証拠には、日本を訪れたスペイン人が初めて日本料理を出された時の感想は大抵、

「もうタパスは充分に食べたよ。ところでメインの料理はまだなの?」

というもの。料理が全部出終わった時点でこう言われると、招待した方はいささかうろたえていたものだった。それが今では、バスクでもバスク版懐石ともいうべきタパスの店が出来る時代になったわけである。時代は変わる。感無量。しかし——大食で有名なバスク人が、こういう流行をどこまで本当に気に入っているのか、疑わしい気はするのだが……。

「いや、ああいうのは一時的な流行だね。ピンチョス、やっぱり食事はちゃんと食べたいよ」

とミケルは私の疑いを認めてくれた。最近のピンチョスブームで、書店には『ピンチョス名作集』とか『おいしいピンチョスのあるバル一覧』のガイドブックなど、ピンチョスをネタにした本が並んでいるのだが、サン・セバスチャンに住む料理評論家のミケルこそ、ピンチョスブームの最初の火付け役の一人で、こういう本を書いている張本人なのである。

「しかも僕は、ピンチョスを誉める記事や本を書いてこのブームに貢献しただけじゃない。バルを食べ歩いて、すべてのピンチョスを試食して意見を述べ、自らの美容と健康を犠牲にしてまでピンチョスの味の向上に努めてきたんだよ」

そう言いながら彼は、まんまるく膨らんだ自分のお腹を指差して溜め息をつく。確かに、食べることを仕事とし、しかも食べることが何より好きな彼は、会う度に太りつつある。こんなに太っては健康に悪い、と本人も気にしてはいるらしいのだが――しかし、食べ過ぎの自己批判も肥満の恐怖も、おいしいものがあるという話題の前にはとりあえず影をひそめてしまうのが、我々食いしん坊の弱いところ。私とミケルは、最近話題のバルや評判のいいレストランについて夢中で話し始めた。

ピンチョスのブームは今も一向に衰えることなく続いているが、洗練された新しい趣向のピンチョスや「ピンチョス懐石」よりむしろ、「昔ながらの素朴なピンチョスをきちんと作る」ところに最近の着眼点がある、というミケルの話は、大いに私の興味をそそった。私自身も、余りに凝り過ぎたピンチョスには少し疲れてきた気がしていたからである。目新しいものに飽きたあとは必ずオーソドックスなものが再評価されるというのは、人間の好奇心の自然なサイクルでもあるのだろう。

私は、「伝統的なピンチョスならこの店」というバルを彼に教えてもらい、早速行ってみることにした。

避暑客の集まる海岸沿いの地域とは少し離れて、バスターミナルを中心として広がる、町の比較的新しい地域がある。このあたりに住む人、働く人が入り乱れ、海辺とは対照的に生活臭の感じられる一帯である。

教えてもらったバルは、外から見た限りではごく普通の構えの何の変哲もない店だった。入っていくと、昼食前のひととき、カウンターにはほぼいっぱいにお客が並んでアペリティーボ（食前酒）とピンチョスを楽しんでいる。

カウンターのなかでは青年が二人、お客と冗談を言って笑いながらも能率よくきびきびと働いている。ミケルの紹介でピンチョスを食べに来た、と私が自己紹介すると、青年の一人がカウンターの奥の厨房に声をかけてくれた。出てきたのは、肝っ玉母さんタイプの小柄ながらもがっしりした女性。彼女がこの店の主人兼料理人のラウラで、カウンターの青年は息子さんであることが判った。

ピンチョスといっても、出来上がってカウンターに並んでいるものだけではない。揚げ物や焼き物は注文を受けてから作るものも多いので、色々と質問する私に答えながらも、彼女は絶えず厨房と行ったり来たりして手を休めない。そして、他のお客の注文のついでに私にも、コロッケをひとつ、フライを一切れという風に味見させてくれる。大きなガラスのコップには、愛想のいい息子さんが威勢よくシドラを注いでくれる。またたくまに私は、お腹がいっぱいになってしまった。

「うちのチャンピニョン（マッシュルーム）は特別よ。これを食べていかなくっちゃ。これからお昼御飯？　大丈夫、ほんの一口だから」

刻んだ生ハムやその他色々を詰めてこんがり揚げたマッシュルーム。ぴりっと辛いところがシドラの酸味を引き立てるミートボール。ちょうどいい焼き加減のピーマン。私はもう昼食は食べられなくなる覚悟で、この肝っ玉母さんのピンチョスを楽しむことにした。

厨房にはあと二人手伝いの女性がいて、ラウラと三人で絶え間なく働き、なおかつ絶え間なくしゃべっている。そこへ近所の知り合いらしい女性が来ると、その人まで厨房に入り込んでまたおしゃべりがはずむ。そういうところが、いかにも地域に密着したバルらしく庶民的で、やや取り澄ました雰囲気の海辺のリゾート客相手のバルとはまるで違う。かといって、風情はあるものの建物が古いせいか全体にやや暗いカスコ・ビエホ（旧市街）のバルともまた違う。いかにも景気のいい新興地域らしく雰囲気は健全で明るく、それでいて空気に弾みがある。

「私はナバラ出身。でもバスクに来て長いし、息子はもうバスク人ね。この店を始めて十年だけど、コシネーラとしては三十八年働いてきた。これからもまだまだ、がんばるわよ」

もう食べられないと言う私にラウラが最後に出してきたのは、一個のピミエント・レジェーノ（詰め物をしたピーマン）だった。この料理に使うのはナバラ地方特産のピキージョと呼ばれる三角形のピーマン。ナバラ女の誇りにかけて彼女が勧めてくれたこの肉詰めのピーマンは、素朴ながらしっかりした味で、この店を代表するにふさわしいピンチョスだった。

店のみんなに礼を言いお客さんたちに別れを告げた私は、通りを少し歩いてから、カメラバッグを店に忘れてきたことに気付いた。慌てて走って戻ると、皆が拍手で私を迎えてくれた。

「シドラを飲んでカメラを忘れるようなら、もう日本人じゃない、立派なバスク人だ！」

私はこのピロポ（お世辞）を快く受け入れ、皆ともう一度乾杯をしてから、カメラバッグと重たい胃袋を抱えて次の目的地であるレストランへと向かったのだった。

チャコリの町

土地の料理に地酒、というのは世界中どこでも通用するおいしく飲み食いするための不文律であって、スペインもその例外ではない。まして国中どこの地方でもワインが作られているこの国では、行った先々の町や村で郷土料理と相性のいい地元のワインを楽しむことができる。

ただし、何事にも例外はある。ひとつは、その産地のワインがどんどん優れた品質を追求した結果、素朴な地方料理には釣り合わないほど高級なものになってしまった場合。そしてもうひとつは反対に、その地方の料理の完成度が高いために、地酒のレベルをはるかに越えてしまった場合である。

リオハやリベラ・デル・ドゥエロ産のワインのトップクラスのものなどは、一番はっきりした前者の例である。これらのワインは優れた品質とそれにともなう価格の高騰の結果、地元の庶民的なレストランでは敬遠されてしまう代わりに、各地の高級レストランでもてはやされるようになった。そして後者の代表的な例が、少し前までのバスク料理とチャコリの関係であった。

昔から食べることへの飽くなき情熱で名高かったバスク地方は、名実ともにスペイン料理界のトップの地位を確立してきた。バスクの優れたレストランの料理は、その完成度からいっても洗練度からいっても他の国の一流レストランと充分に張り合えるだけのレベルに達している。ビルバオやサン・セバスチァンのそういった高級レストランの主人たちの共通の悩みは、「料理に合わせてレコメンドできるスペイン産の白ワインがない」ということであった。

赤ワインなら、まろやかでコクのあるリオハのティント（赤ワイン）がある。しかし白ワインに関しては、赤ワインに負けない水準のものをと思えばフランスのものを勧めるしかない。根っから愛国者の彼らにとって、これはいかにも口惜しいことである。そこで思いついたのが、昔ながらの地酒チャコリを改良するというプランであった。

チャコリというのは、バスクの津々浦々の居酒屋で大きなコップに威勢よく泡立てて注がれる素朴な白ワインで、軽い発泡性と、これも同じくバスク名産であるシドラ（リンゴ酒）を思わせるような軽い酸味を特徴とする。それだけでは正直なところ大したワインではないのだが、バスクならではのおいしいタパスを添えるとその素朴さが魅力になる。かくいう私も、バスクの旧市街の気取らないバルで飲むチャコリのファンの一人であった。

このチャコリを高級レストランにふさわしい白ワインに品質向上させようと、バスクを代表する数人の料理人たちが、ゲタリアの町のとあるチャコリ製造業者を鼓舞し激励すること数年。ついに、優れたレベルのチャコリが誕生した。

かつてのチャコリをわずかに偲ばせる、ほのかな青いリンゴの香り。すっきりした酸味とフルーティな喉越し。エレガントに変身を遂げたチャコリは、高級バスク料理の食卓に欠かせない存在となったのである。

その新生チャコリ誕生の地という栄誉を担ったゲタリアは、サン・セバスチャンから西へ二〇キロ余りのところにある小さな海辺の町で、元々は漁港として栄えてきた。きれいな海とおいしい焼き魚で、近年は夏のリゾート客にも人気がある。

夏の盛りのある日曜日の朝。相棒と私は、滞在しているサン・セバスチャンからゲタリアの町へ、ドライブにでかけることにした。日曜日を選んだ理由は、「夏のあいだゲタリアでは日曜日ごとに『チャコリ祭り』というものが催されて、チャコリが飲み放題になるらしい……」という噂を耳にしたからである。

ゲタリア名物の焼き魚とチャコリを存分に楽しむというプランにそそられて、我々二人はそろそろ昼食という頃にゲタリアへと向かった。目的地は、地元の友人が紹介してくれたレストラン。ここの焼き魚は町一番だという。

日曜日の昼食を楽しもうという人々で、すでにぎっしり満席のレストランに入って料理の注文を済ませてから、私は店の入り口の傍らにあるアサドール（魚を焼くグリル）を見学に行った。スペインで普通アサドールというと、肉類を焼くためのグリル、またはロースターを意味する場合が多いのだが、ここバスクでは、魚のためのアサドールも立派に市民権を持っているのである。

炭がたっぷりと燃えているその上に、独特の魚の形をした鉄網にはさんだ魚が載せられて香ばしい煙を上げている。浅黒く日に焼けたがっしりした男性が一人、魚を火に載せたり裏返したりしているのが、ここの魚焼き職人、つまりアサドールらしい。

「このレングァード（シタビラメ）は、あんたの注文かな？ うん、今はこれが一番いいね。魚がおいしいのは子を持っている時だから、メルルサは五月まで。いつもなら今頃はロダバージョ（カレイ）もうまい時期なんだが、今年は水温が高すぎて、魚が深い所に潜ってしまうせいで余り採れないんだ」

仕事の手を休めずに、おじさんは親切に説明してくれる。アサドールになって十五年。その前は、自分の漁船を持って漁をしていたという。がっしりした腕は今でも、魚焼きの網よりずっしり重い船のロープを曳く方が似合いそうに見える。

注文したシタビラメもそろそろ焼けそうなのでテーブルに戻ると、早速料理が出てきた。リゾート客を意識して趣向を凝らしたオードブルのあと、いよいよペスカード・アサード（焼き魚）の登場。皮と骨をとって食べやすく用意されたシタビラメはあっさりと塩味で、炭の香りだけをポイントにふわっと焼き上げてある。そこにゲタリア産のチャコリが見事に調和する。我々は、夏の海辺の香り豊かな食事を心ゆくまで堪能した。

食後の散歩に、港へと向かう坂道を降りていく。道の両側には、ずらっと焼き魚専門のレストランが並んでいる。どの店も道沿いにアサドールを構えているのは、そのおいしそうな匂いと煙でお客を引きつけようという魂胆だろう。昼食時間のゆっくりなスペインのこと、午後三時過ぎとはいえまだまだ大勢の人達が道に面したテーブルで焼きたての魚と取り組んでいるのが、本来なら鄙びた漁師町の通りに、夏のバカンスらしい賑やかな雰囲気をかもし出している。

港まで降りると、途端に心地好い潮風が吹きつけてきた。漁船はどれも昼過ぎの静寂のなかで静かにたゆたっているが、リゾート客のヨットが繋がれている一角では、船の上でもパーティが繰り広げられているらしい。料理の皿やチャコリの瓶がやりとりされているのが見える。バカンスを楽しむことにかけては達人ぞろいのスペイン人たちのこと、見ているこちらまで羨ましくなるような光景である。

町の中央に戻ってくると、広場の周りに人が集まってきていた。聞いてみると、これから近隣の村の子どもたちの民族舞踊が披露されるのだという。お祭り好きの私は、早速広場の正面に陣取って踊りが始まるのを待つことにした。あたりには見物人たちに交じって、村ごとに違う伝統的な衣装を来た子どもたちが三々五々、出番を待っている。

赤いスカートに黒いエプロン、白いブラウスというスペイン各地に共通なタイプの衣装の少女たち。バスクベレーを粋にかぶった少年たち。踊りに使うのだろうか、自分の体より大きいような輪や棒を抱えている子どもたちもいる。青いスカートにブラウス、首に青いスカーフを巻いた漁師町らしい衣装の少女たちは、近くの漁村から来ているに違いない。

やがて、一人で笛と太鼓を同時に演奏するバスクならではの音楽が始まり、その素朴なリズムにあわせて踊りが始まった。次々と村ごとのグループが、違う踊りを披露する。踊りそのものはほとんどが単調なのだが、一生懸命な子どもたちの表情や、間違ってしまうところがまた可愛いような幼い子どもたちを見ているだけで楽しい。

そのなかで少年たちだけの踊りに、明らかに戦いを象徴したものがあった。少年たちは戦い、倒れ、その仲間を乗り越えて最後には大きなバスクの旗が勝利を告げて翻るのである。踊る少年たちの目にはすでに、バスク人としての誇らしげな輝きがある。しかしいつも感じることだけれど、ここバスクの人々の郷土愛には何か、悲しくなるような切ないものがある。それは、このバスクの地が辿ってきた長い独立への戦いの年月が育んだ、彼らにしか判らない切なさなのだろう。

中央に立てた竿から垂れた色とりどりのリボンを持って、踊りながらそのリボンを編んでいくという踊りが最後の見せ場だった。見事に編まれたリボンを今度は逆にほどいていく時、小さな男の子が動きを間違えたグループだけがリボンがからまってしまった。しかし我々観客は、その泣き顔になった少年のグループに、喜んで一番強い拍手を送ったのだった。

思う存分チャコリを飲むはずだったのに、結局ほとんど飲まなかった。ただで飲み放題、の真偽のほども確かめられなかった。が、子どもたちの真剣な顔と素朴な笛と太鼓の音、そしてそれを照らしていたバスクの太陽は、私を充分に酔わせてくれた。ホテルでのシェスタを目指して車を走らせながら、私はその笛のメロディーをくりかえし口ずさんでいた。

もし夏のバスクを訪れる読者がいたら、ぜひゲタリアを訪れてみてほしい。それもできることなら日曜日に。もしかしたら、無料で飲み放題のチャコリに出合えるかもしれない。祭りにも出会えるかもしれない。少なくとも、そこではいつもおいしい焼き魚があなたを待っている……。

アサドールの娘

サン・セバスチャン——今ではバスク語でドノスティアと呼ぶべきかもしれないが——には、

レベルの高いレストランがぎっしりと軒を並べている。ミシュランをはじめとするレストランのガイドブックを見ても、それは明らかだろう。星を持つレストラン、つまりわざわざ訪れる価値ありとして選ばれたレストランが、この町を中心とする一帯には、スペインの他の地方とは比べ物にならない密度で集まっている。

だから、この町に来るととても忙しい。何しろ、親しい料理人たちの店をはじめとして膨大な数のレストランを訪れなければならないのだから。

町の中心ではまず、三つ星に輝くファン・マリの店。スペイン料理界の長老の座にいながら今も研鑽を怠らない彼の傑作ぞろいの料理に加えて、ここ数年飛躍的に成長した娘のエレナの新作も気になる。堅実な伝統料理を楽しめるホセの老舗も、一度は訪れたい。海を見下ろす高台のペドロのレストランでも、今年の彼の新作料理はチェックしておきたい。

こういった長年の友人たちの店ばかりではない。郊外には、今一番の注目株マルティンのエレガントなレストランやこれからが楽しみなアイトールの店等、最近続々と頭角を現してきた若手シェフたちのレストランがある。そのほかにも、オンダリビアには意欲的に新しい料理に挑むラモンの店と若いゴルカの店、サラウスまで足を延ばせばテレビで人気のカルロスの店もあるし、最高においしい赤ピーマンを食べさせてくれるトロサの昔ながらの店も捨てがたい。毎日一軒こういうレストランを訪れるとしても、あっという間に一週間以上かかってしまう。

一番の仲良しのエレナにそうぼやいてみせると、彼女はおかしそうに笑った。

「確かに、好きな店を全部食べて歩くだけでも大変よね。その上この町にはまだまだ、あなたの知らないレストランやバルだってあるのよ！」

じゃあどこかいい店を教えて、と頼むとエレナは、

「最近、ルルデスの料理を食べた？　しばらく行ってないなら、お勧めするわ」

と言う。ルルデスは彼女と同世代の女性シェフで、同じように老舗のレストランの後継者でもある。かれこれ五、六年前に訪れたことがあるが、当時はまだルルデスは表立って働いていなかったと思う。ごく伝統的な料理を出す、多少無愛想なところも含めていかにもバスクらしい昔風のレストラン、というのが私のその店に対する印象だった。

「ところが、去年一緒にフェランの講習会に出てから、ルルデスもとても張り切っていい料理を作るようになってきたのよ。いずれは彼女も、自分自身の料理を作るようになると思うわ」

カタルニアの誇るスーパーシェフ、フェランの影響力は強く、こうしてバスクの若手たちにまでも刺激を与えているのである。私は連日の美食でいささか疲れた胃袋をなだめながら、ルルデスを訪ねる約束をした。

そのレストランは、町を一旦外れて小高い山へと登っていく山道の途中にある。朝のサン・セバスチャンの空気はすがすがしく、とりわけ山の中腹にあたるこのあたりではひんやりと冷たい。うっそうと繁った木立の香りがあたりにたち込め、うっすらとかかった霧の合間に、時折夏の太

陽が木漏れ日となってふり注ぐ。

ルルデスは、昼食の準備で忙しくなる前にと、朝早めの時間に私を迎えてくれたのである。もうコック服と帽子に身を包んだ彼女と私は、レストランの表に設えた木陰のテラスでインタビューを始めた。

お化粧っ気がないせいか、二十八歳という年令よりずっと幼く見える顔。微笑むとぱっと輝く大きな瞳から、温かい人柄がのぞいている。少しはにかみながら言葉を捜すようにゆっくりと話す彼女が、私はすぐに気に入ってしまった。

「この先に小さなビルヘン（聖母マリア）のお堂があって、昔から御参りに行く人が多いの。元々うちは周りで牛を飼っているようなカセリオ（農家）だったんだけれど、ちょっと休憩したいという御参りの人が多いので、おじいさんが仕事の片手間にシドレリーアを始めたの」

シドレリーアというのは、バスク名物のシドラ（リンゴ酒）を作る農家が家の表で出来立てのシドラを飲ませ、ちょっとした食事も出すスペースも用意するようになったもの。この地方の街道を車で走っていると、シドレリーアがずらっと並んでいる一帯がある。十二月から一月頃、そういう農家で瓶詰めにする前に樽からじかに飲ませてくれる本物のシドラは、普段酒屋の棚に積まれているシドラとは比べ物にならない、フルーティでさわやか、それでいてドライでメリハリの効いた味である。

マリア様の御利益にあやかってシドレリーアを始めたおじいさんのあとを継いでお父さんが更

に商売を拡張し、ここをアサドール、つまり肉や魚を焼いて出す食堂にした。その頃のこの店の名物は、チュレータ・デ・バカ（牛肉の炙り肉）とトルティージャ・デ・バカラオ（干ダラのオムレツ）だったという。

そういえば、私も以前この店に来た時にはそのチュレータを食べた記憶がある。シドラにチュレータ、というのはバスクのこのあたりでは、もっともスタンダードなメニューであり、いつ食べても飽きないメニューでもある。

「バスクの牛肉は昔からおいしいのよ。肉牛を育てるのに向いた牧草がたっぷりあるから。バスク料理といえば魚、と思っている人が多いけれど、実際は肉料理もよく食べるの。リゾート客が、海辺だから魚が新鮮でおいしいだろうと連想して魚料理ばかり注文する気持ちは判るけれど、今の輸送技術ならマドリードでも同じように新鮮な魚は食べられるわ。現実には、バスクの最高級の魚はほとんど全部、マドリードの高級レストランが買っているんじゃないかしら」

スイスの学校で三年間、料理人になるための勉強をしたあと、フランスやマドリードのレストランでも修業してきたルルデスは、バスクという殻に閉じ籠もることなく、客観的に外側から評価することも学んでいる。控え目で口数は少なくても、見るべきものはしっかりと見ている。

「この仕事は、すごく好きか大きらいか、どっちかね。うちだって、料理をする気になったのは長女の私だけ。妹は弁護士の修業中よ。今でこそ、フェランみたいなスーパースターもいるし、創造的な仕事として評価されるようになったけれど、やっぱり料理人はきつい肉体労働。それにいくら好きな仕事とはいえ、本気で取り組むと自分の時間もろくに持てないし。女性にとって簡単な職業じゃないわよね」

今ではお父さんは、ルルデスにあとを継いでもらって隠居するのを楽しみにしている。そんなお父さんの気持ちをちょっぴり重たく感じながらも、愛情深い彼女は期待に応えようと頑張っているのである。

お父さんは、アサドール（焼き手）ではあっても本職のコシネーロ（料理人）ではなかった。ルルデスは彼女の世代で、この店を本物のレストランとして充実させていきたいと考えている。

「うちの料理は、アサードを中心にしたバスクの伝統料理。まずはしっかり伝統料理を作れるようにならなくては、と思って勉強してきたけれど、いずれは自分らしい料理も作っていきたい。父も私の気持ちを判ってくれて、まずポストレ（デザート）から、私なりに新しいものを採り入れつつあるところなの。食べて、感想を聞かせてちょうだい」

ということで、私は早めに昼食を御馳走になることにした。

まずは、まったりした味に仕上げたレブエルト・デ・オンゴス（きのこの炒り卵）。塩加減にも火の通し加減にも、細やかな心配りが感じられる。この店の人気メニューのひとつだというアロス・コン・アルメハス（アサリ入り米料理）は、「本当にシンプルにお米とアサリだけを大切に料理している」というルルデスの言葉通り、スペイン料理にしては珍しいほど淡白な味のなかに上手に素材の持ち味を引き出している。そしてメインディッシュのチャングーロ（カニ）はシェリー酒を加えたカニミソの風味がすばらしく、バスクの海辺ならではの贅沢な一皿に仕上がっている。どの料理もバスクの伝統の味に忠実に、何の衒いもなく素直に作られているのだが、そこに発揮されている若い世代ならではの最新の技術と細やかな注意力が、彼女の意気込みをはっきりと感じさせる。

そしてデザートは、タルタ・デ・チョコラテ・カリエンテ（熱いチョコレートのタルト）とエラード・デ・ケソ（チーズのアイスクリーム）。ファン・マリを筆頭とする新バスク料理のシェフたちの創作した高度な技術の要求されるデザートを作ることで、彼女は、オリジナル料理の創作に向けてきちんと勉強していることを証明してみせてくれた。

勿論、本当に優れた創作料理を生み出すに到る料理人は決して多くはない。それは努力だけではなく、才能の有無にも係わる問題だからである。ルルデスもその意味では、まだ未知数といっていい。しかし、地道な努力を厭わない彼女には、少なくとも優れた料理人としての未来は保証されている。私にとってはまた一軒応援したいレストランが、そしてこの町に来た時にはぜひ訪れなければならない店が増えたことになる。

いつのまにかテラスのテーブルのひとつでは、ルルデスのお父さんが友人たちと食前酒を楽しんでいる。そんな父親に愛情のこもった微笑みを投げかけてから、ルルデスは忙しい昼の厨房へと消えていった。――良き人生のパートナーに出会ってほしい。料理人としても女性としても、幸せになってほしい――。プラタナスの木陰のテラスでは、涼やかなバスクの午後の時間がゆっくりと流れていた。

二十一世紀の
スペイン料理とは？

――新しい美食の系譜――

最先端を行くシェフたち

スペインでおいしい料理を食べることはたやすい。おいしいワインを飲むこともたやすい。それもそのはず。これほどに人生を楽しむ人々が暮らす国では、当然のことではないか？

生きることを知る人。人生を楽しむことを知る人。スペインでは、人を褒めるのにこんな表現を使うことがしばしばある。さる著名な食の評論家が亡くなったとき、彼の追悼記事のなかでこの言葉に出合った私は、改めてスペイン文化の豊かさ、底の深さに触れた思いがしたものだった。亡くなった時、「彼は本当に人生を楽しむことを知る人だった」と讃えられるとは、なんと素晴らしいことだろう。

日本でこの言葉にあてはまる人がいったいどれほどいるかは知らないが、少なくともスペインには、「人生を味わう」ことの達人たちが大勢いる。そして彼らは勿論、おいしいものを味わうことをないがしろにしない。食を知り、楽しむこと。それはひとつの能力であり、もっと言うならひとつの文化である。

ガストロノミア、食文化というジャンルはギリシャ・ローマから現代に至るヨーロッパ文明のなかで様々な形で花開いてきたが、ここイベリア半島にも今まさに大輪の花を開かせ始めている。長い歴史の果てに今たどり着いた、豊かで魅惑に満ちたスペインの食文化。そのなかで、文化の最先端を担う現代スペインのトップシェフたちを紹介したい。

スペインという国は、いくつもの山脈で分断された十数個の地方が集まってできている。山で遮られてきたことが一番の要因なのか、異なった歴史を歩んできたからなのか、はたまた彼らの気質が元々自主独立を望む強い気運に支えられているためなのか、いずれにしてもそれらの地方は今もなおひとつの国とは言いがたいほどにばらばらで、それぞれが個性を主張してやまないグループの寄せ集まりのような体をなしている。

料理に関しても事情は同じだった。つい最近まで、北部アストゥリアスの家庭の昼食と南部アンダルシアのそれとは、ほとんど共通点がないといってもいいほどに異なっていた。そしてまたレストランの料理もあくまで家庭料理の延長線上に位置していて、どんなに高級なレストランもアンダルシアではアンダルシアの家庭料理を、バスクではバスクの家庭料理を、ただ単により洗練された形で供してきたのである。

言い換えれば、この国では現代に至るまで、料理人たちは地方料理という枠のうえにどっしりと構えているだけで余り頭を悩ますことなく暮らして来たことになる。マドリードのシェフはコシードさえ作れればいい。バレンシアのシェフはパエージャさえできればいい……。

しかしその長い眠りから今、若い料理人たちが目覚めつつある。地方料理というアイデンティティは持っていてもいい。それはそれで大切にしていく必要もある。しかしそこに安住してはいけない。そう感じ始めた若者たちがスペインの料理界を揺さぶり、動かし始めているのである。

確かにスペインでは、どこでもいつでもおいしく食べることができる。そしてそれはすでに一つの文化である。しかし「おいしく食べる」ことの更に先に、より高度な、より洗練された料理の世界が今築かれようとしている。

ここには、スペインの歴史が凝縮されている。おいしいものを食べるためにスペイン人が費やしてきたすべての時間、すべての努力が凝縮されている。その成果を味わうことのできる、今この時に生まれた幸せを改めて噛みしめながら、彼らの魅力の一端を紹介していこう。

父から娘へ

……エレナ・アルサーク

スペインの北側の海ビスケー湾に面して、サン・セバスチャンの町がある。ラ・コンチャ（貝殻）と呼ばれる、白い砂の美しい海岸を囲むように広がるこの町は、スペインでもっとも水準の高いレストランの林立する町として知られている。グルメ情報を中心とするガイドブックの地図を広げてみれば、それが実感できるだろう。優れたレストランに星印をつける本では星印が、太陽印を付ける本では太陽印が、この町にだけ、小さな町の輪郭からはみ出さんばかりにぎっしり集まっているのである。その数は首都マドリードや大都市バルセロナよりも多い。

そういう星を戴くレストランのなかでも頂点に立つ「アルサーク」の主人ファン・マリは、長いあいだバスク料理界の先頭に立って活躍してきた人物である。しかし今ファン・マリたちに続く世代から、次の時代のバスク料理を担うシェフたちが、続々と表舞台に顔を出し始めた。ファン・マリの娘エレナも、その一人である。

考えてみれば昔から、バスクのレストランの厨房で実際に活躍してきたのは女性たちだった。しかし、バスクの男たちには——彼らがどんなに否定しようと——女性が表に出ることを良しとしない風潮があり、女性の料理人たちはいつも裏方に廻り、名声などとは縁のないところで黙々と働いてきたのである。

今やっと時代が移り変わり、男たちの姿勢も少しは変わってきた。今ではバスクのシェフたちはこぞって、「自分にとって最良の料理の師は母親であった」と認めるようになり、彼らの娘たちがシェフとして賛辞を浴びることをも歓迎するようになったのである。

元々ファン・マリの家は三代前からレストランを営んでいて、彼の料理の師も母親だった。彼は親から受け継いだその店を、サン・セバスチャン一の、いやスペインでもトップのレストランに育てあげた。そして今娘がそれをバトンタッチしていこうとしているのだから、彼にとってもこんな嬉しいことはないだろう。

最近では、私の顔を見るとファン・マリはまずこう尋ねる。

「今シーズンのうちの料理、どう思うかい？　このオードブルも魚料理もエレナのアイデアなんだ。面白い出来だろう？　エレナは大したもんだろう？」

スペイン料理界の大御所ともいうべき存在であるファン・マリは、厨房では厳しい表情で強い叱責の声を飛ばす昔気質の料理人だが、娘のことになるとただの甘い父親に変貌する。とはいうものの、エレナを褒めているのは父親だけではない。今や彼女は若手料理人として第一線にあり、その名声はもはや「ファン・マリの娘」というだけのものではなくなっているからである。

私が初めて「アルサーク」を訪れた今から十年以上前には、まだエレナのことは誰も知らなかった。あとで聞いてみると、料理の道に進むことに決めた彼女はスイスのホテル料理学校へ進むという道を選び、学校を終えたあとも各国のレストランで修業していたのである。確かにそれは、高級レストランの跡取りが辿る順当なコースではあるけれど、女性であることを考えるとバスクではかなり思い切った決断だったかもしれない。何しろ、今でも地元のグルメクラブは女子禁制だというほど封建的な土地柄なのだから。そのことからも、料理を志し父のレストランを受け継いでいこうというエレナの決意が、その時すでにしっかりしたものであったことが想像できる。

そして五、六年前だろうか。私は、厨房で働くエレナに初めて目をとめた。若くて可愛らしいお嬢さん。明るく素直な、いかにも育ちのいいお父さんの秘蔵っ子、というのが私の印象だった。しかしそれから会う度に、彼女はめきめきと大人になり、料理人としても進歩していった。そしてその頃から、バスクの仲間の間で彼女の噂が聞かれるようになってきた。

「ファン・マリの娘は、なかなか筋がいい」

「親の七光だけじゃない。センスのいい料理を作る」

「頭のいいところも、よく気がつくところも父親に似ている。きっといい跡取りになるだろう……」

エレナには姉さんがいるけれど、姉さんは料理の道に進んではいない。彼女だけが料理が好きで、自分の意志で選んだ道である。

「子どもの頃、夏休みになると私と姉は、毎日レストランに来て仕事を手伝っていたの。お菓子作りとか、サラダの下ごしらえとか。そのうちに姉の方は、料理が好きじゃないということに気がついた。一方私の方は、大好きだということに気がついた、というわけ。姉はその頃から好きだった美術史を専攻して、今も美術関係の仕事をしているわ。そして私の方は、高校を終える時には、もう料理の勉強をしようと決めていたの」

といつか彼女が話してくれたことがある。

「父がここまで有名な料理人だというのは、全然プレッシャーじゃないといえば嘘になる。最近ではいろんな場に父の代理として出席するようになってきたから、余計父のやってきた仕事の偉大さを実感もしているわ。でも一旦厨房に入ってしまえば私は私。自分のできることをするだけ、という気持ちでやってきたし、これからもそうだと思う」

エレナの話を聞いていると、気持ちがいいほど自然体で気負いがない。彼女の立場にあってこんなにのびのびとした仕事への姿勢を身につけることができたのは、彼女自身の賢さの賜物だろう。勿論、仕事そのものの面ではまだまだファン・マリが彼女を指導し、アドバイスもしている。しかし人間的には、エレナはすでにしっかりと自分の道を見極め、確実に一歩ずつ踏みしめながら進んでいる。

「父の料理と私の料理を並べて比べてもらう必要はない。私の料理を私のものとして評価してほしい」

というエレナの願いはすでに実現してきている。彼女は今では「エレナ・アルサーク」という一人のシェフとしてスペイン料理界に自分の位置を築き、様々な形で活躍するようになった。店のお客たちも、父親と娘の二人が協力しあってつくり出す「新しいアルサーク」の料理を認め、メニューに絶えずさわやかな新しさを付け加えるエレナの仕事振りに大きな期待を寄せるようになってきている。

彼女の料理は、その人柄を忠実に現しているといっていいだろう。一つひとつの料理に行き届いた繊細な気配り。やさしくデリケートな配色や盛りつけと、驚く程大胆な素材やアイデアの組み合わせ。ユーモアのセンスたっぷりな料理の命名。料理の器やメニューまで含めたトータルな店のイメージ作り……。父ファン・マリが見事になし遂げた「バスク料理の復権」という偉業の上に、今彼女はさらに新しい若々しい世界を築こうとしているのである。

その上彼女は最近、私生活の良きパートナーともめぐり合った。この頃では彼女に会うと、話はすぐそのことになる。

「気の短い私によく我慢してつきあってくれる、本当に理解のある素晴らしい人」とエレナが手放しで褒めちぎる恋人は建築家。彼の方でも、明るくてチャーミング、それでいて料理人としてはプロ意識に徹するエレナを絶賛する。

「仕事でも私生活でも、いいチームを組めることが一番大切。仕事場ではずっといいチームに恵まれてきたけれど、今は自分自身のためにいいチームを組める相手と出会えて、本当にラッキーだと思ってるわ」

一番の悩みは、二人とも忙しくて会える時間が少ないこと。何しろ最近では、父親だけでなく彼女にも、スペイン各地から催しやコンクールへの出席が求められる。講演や指導にも行かなければならない。それでいて彼ら親子は、自分たちのレストランを何よりも大切にしていて、仕事で手を抜くということがない。二人のうち必ずどちらかが店にいて厨房を動かし、お客に挨拶し、すべてに目を光らせている。

私が訪ねたその日も、仕事を終えた彼女は急いで着替えると、恋人との待ち合わせのためにバイクに乗って颯爽とでかけていった。ほとんどお化粧っ気のない素顔に大きな目を輝かせて出てゆく彼女はいつにも増して美しく、私は彼女の幸せを心から祝福したいと思った。バスクの数多くの厨房では、まだまだ沢山の女性たちが彼女ほどの幸運に恵まれずに仕事をしている。名声も与えられず、良き伴侶とめぐり合うチャンスもなく——それに比べてエレナは、確かに幸運の星のもとに生まれている。彼女はその幸運をしっかりと育んで、料理人としても女性としてもさらに成熟していくだろう。風に髪をなびかせて走り去るエレナを、私は思わず微笑みながら見送っていた。

二十世紀が生んだ天才シェフ
……フェラン・アドリア

一九九七年春、フェランはミシュランで三つ星をかち取った。フランスのグルメ用ガイドブックとして有名なミシュランの三つ星といえば、フランス本国では勿論のこと、スペインでも料理人にとって最大の目標ともいえる栄誉ある評価。スペインにはすでにバスク地方に一軒、カタルニア地方に一軒三つ星のレストランがあり、フェランの店は三軒目となったわけである。

フェラン・アドリア、三十九歳。彼こそ今日のスペイン料理界をまったく新しい方向へと導き、同時にヨーロッパ料理界全体をも揺るがせつつある天才シェフである。

フェランのレストランは、カタルニア地方の北の外れに位置するカラ・モンジョイという名の小さな入り江に面している。入り江には、レストラン以外なんの建物もない。秘密の隠れ家、ひっそりとした海辺の別荘。そんな佇まいの建物が、今世界中に注目されているフェランの活躍の舞台、「エル・ブジ」である。

彼の料理がそれほどまでに特別だという根拠は、スペインの料理界の根底にずっと存在していた「地方性によるアイデンティティ」を、彼が完璧に否定しているところから始まるといっていいだろう。カタルニア人の郷土愛の強さ、カタラン（カタルニア人）であることへの誇りの強さには定評がある。それなのにフェランは、

「僕の料理はカタルニア料理ではない」

と言い切るのである。

「僕はカタルニア生まれのカタランだ。母の作るカタルニア料理を食べて育ったんだから、僕の嗜好は基本的にはカタルニア的だろう。でも僕の料理は、カタルニア料理でもスペイン料理でも地中海料理でもない。『フェラン・アドリアの料理』というだけさ」

フェランは、夢中になるとカタルニア語混じりで話す。バルセロナのサッカーチーム、バルサの大ファンで、試合があるとスタッフたちがからかうほど熱くなる。その彼が、自分の料理のアイデンティティにはカタランであることを必要としていない。それほどに、彼が自分の料理の世界に対して持つビジョンははっきりと揺るぎないものなのである。

彼の料理には、カタルニアならではの豊富な野菜が季節を追って登場する。ロサスの漁港で揚がったばかりの魚や貝は大切な主役となる。しかし同時に、見たことがないような珍しい素材や外国の調味料も、ためらうことなく使われる。「気に入ったものなら何でも使う」とフェランは言いきる。

「何故なら、どこの素材を使っても出来上がった料理は僕の味になるんだから」

そういう彼の言葉は、彼を知らない人が聞いたら不遜としか聞こえないことだろう。

彼を知らない人なら、と但し書きを付けたのは、実は彼は決して不遜でもなければ、芸術家につきものとされる気まぐれやわがままいっぱいという性格でもないからである。それどころかフェランは知性と論理の人であり、「地に足のついた」という表現がぴったりくるくらいに極めつきの現実主義者である。

そういうフェランの実像を私が改めて確認したのは、今振り返ってみると数年前、彼の開く冬の料理講習会に参加した時からかもしれない。

海辺のリゾート地にあって冬の五カ月は閉めてしまうという特殊な経営形態の彼らの店では当時、そのオフの時期を利用して年に数回、三日間を一単位とする料理講習会が開かれていた。彼らのレストラン以外何もない入り江での講習会だから、もよりの町ロサスのホテルに泊り込んでの三日間ということになる。

「楽しいからぜひおいでよ。シャンパンを用意して待ってるから」

というフェランの言葉に乗せられて、ごく気軽にその講習会に参加を申し込んだ私は、あとから思えばすべてをいとも簡単に考えていたのだった……。

講習会一日目の朝。冬とはいえ地中海の日差しがまぶしいレストランのテラスには、私を入れて一〇人ほどの生徒が、やや緊張した面もちで集合した。

マドリードからやって来たオスカー。カナリア諸島のラス・パルマスから参加したジャン・ピエール。フランスはアヴィニョンからのマテウ。地元カタルニアのジローナからはジョアン。ガリシア地方からロベルトと、いずれもプロの料理人がずらっと顔をそろえている。ロベルトは自らもミシュランの一つ星を持つベテランシェフだし、ジョアンも今人気上昇中の気鋭の若手シェフである。

フェランの熱心なファンだろうと推測される数人のアマチュアも――そのなかに私も含まれる――いることはいるけれど、もともとこの講習会はプロフェッショナルの参加が大部分を占めていて、名の知れた料理人たちが続々とやって来ることで知られている。しかも彼らに聞いてみると、講習会はこれが初めてではなく、去年も参加したという人も多い。それにしても、こういう第一線のシェフたちが、

「僕はフェランの料理のファンだ。だから、彼の話を聞きに来た」

と堂々と名乗りをあげてここに来ているというところが、私はとても気に入った。こっそり偵察するとか、誰かに様子を見に行かせるというのではない。自分の力量にもそれなりに自信があるからこそ、胸をはって他のシェフの講習会に参加して恥じるところがないというのが、実にいいではないか。

「じゃあ始めに、この講習会の概要を説明しておこう。これから三日間、君達は僕と一緒に、ここで、このレストランの厨房で過ごす。一日目は、これからのレストランはどうあるべきかという僕の考えと、そのために必要な実用的な料理のアイデア。二日目は、去年の僕の料理がいか

にして作られたかを説明し、現在の料理界を僕がどう見ているかについて語る。そして三日目は今シーズンの僕の料理について語る。つまり、君達は三日間で、僕が料理をどう考えているかという料理哲学を学び、しかもそのうえ僕がどうやって料理を生み出していくかというプロセスを知ることになる。これは忙しいよ。勿論その合間に、楽しく食べ、飲み、皆でディスカッションしていく。いいかい？」

朝の風がさわやかなテラスでコーヒーを飲みながら、フェランが早速話し始めた。エネルギッシュにぽんぽんとしゃべる彼の勢いに、アマチュアたちは勿論、プロの料理人たちまでが息を飲み、これは大変そうだとひきしまった面もちになっていく。

朝十時に、クラスが始まった。厨房の一角にフェランが一面に書き込みをしたパネルがあり、そこで講義が始まる。季節の素材と調理法を、どのようにして組み合わせていくか。そこから更に、どうやってメニューを構成していくか。あるいは、これからのレストランで求められる創造性とは、独自性とはどういうものか——もともとが早口のフェランの話を全部聞き取ってしっかり理解しようと思うと、私には文字通り溜め息をつくヒマもないうちに一時間余りが過ぎる。

そしていよいよレンジの前へ。ここでフェランの手が活発に動き始めるけれど、口のほうも止まらない。「スタッフの少ないレストランや家庭で、どうすれば独自の料理を作り出せるか」というテーマのもと、彼は約二時間でなんと六〇皿の料理のアイデアを解説してのけたのである。

例えば、一山の豆が登場する。この豆にイワシを合わせせる。卵黄のソースを添えてみる。これで一皿。豆をどけて、イワシにマンゴーを添えてみる。黒オリーブのソースを添えて、これで一皿。さっきの豆にフォアグラを合わせたとしたら、卵白のムースを添えて一皿。あるいはベーコンを載せて一皿。あれよあれよと皆がみとれているうちに、もう調理台の上には五、六皿の料理が並んでいる。

昼食の時間だと言われて、私は詰めていた息をはくように肩の力をぬいた。確かに、有用なアイデアを沢山学んだことには間違いない。しかしそれは同時に、彼のパワー、彼のアイデア力、彼の頭の回転の早さのどれもが並々ならぬものであることを実感させる数時間でもあった。もし、彼の技術さえ学べば彼のような料理人になれると思ってこの講習会に参加した人がいたとしたら、この午前中だけで絶望するには充分だっただろう。

昼食のあいだは、楽しい雑談がはずんだ。フェランが皆をくつろがせ、会話を盛り上げるセンスも充分に持っていることがよく分かる。しかし――この店のよく訓練されたスタッフが作ったシンプルながらもおいしい食事を楽しみ、さてぐったりと椅子にもたれようとすると、フェランはもう立ち上がっていた。

「さあ、午後の仕事を始めよう」

そして午後九時半まで、フェランも我々も立ったままで、延々と講義と料理のデモンストレーションは続いたのである。

夕食の席では、今日学んだことについて生徒の側から活発なディスカッションが始まった。フェランも議論となると負けていない。これからのレストランがどうあるべきかといった遠大なテーマから貝類に塩味をつけることの賛否に到るまで、果てしなく論じ続ける彼らを見ながら、私はつくづく、彼らが議論好きなギリシャ人、そして長時間の宴会が大好きだったローマ人の血をひく人々であることを再認識した。食事がお開きになった午前一時、私はひたすらベッドに倒れ込むことだけを考えてレストランを出たのである。

嵐のような三日間の講習が終わった。三日目の夜、お別れパーティーを兼ねた夕食が一応終わったのは午前二時で、まだまだしゃべり続けそうな仲間たちを残して私は先にホテルに帰ることにした。

「どうだった? 僕のレッスン、どう思った?」

と尋ねるフェランに私は、

「ものすごく充実していたけど、あなたのバイタリティには到底ついていけない、とよく分かったわ」

と答えると、彼は笑いながらも真剣な面もちでつぶやいた。

「今のところ僕は、特に苦労もせずに、毎年三〇皿以上の料理を全部新しくつくり出している。このペースは普通じゃないよね。そのためには、僕個人のプライベートな生活が制限されるほどに仕事に打ち込んでいることも事実だし、こういう生活を一生続けることは無理だろう。でも、スペインで唯一の真にクリエーティブな料理人として第一線にいる限り、このペースをおとさないだけの自信はある。今こうして今年のメニューをアレンジしながらも、僕の頭のなかには来年の料理のアイデアが沢山ある。再来年はこうしてみよう、という方向も浮かんできているんだ……」

フェランのなかには、地中海人らしくユーモアのセンスに富み人生を謳歌することを知る若者と、妥協を許さず徹底して自分の独創性を追求する厳しい芸術家と、二つの人格が同居している。まだ若い彼が、これからどのように自分という人間のバランスをとり、いわば自分自身を納得させていくのか。そして、どんな料理の世界を展開していくのか。彼からは目が離せない、と言い合いながら、私は過酷な三日間を共にした戦友たちに別れを告げたのだった。

私がフェランと知り合って、はや十年という歳月が流れた。彼は毎シーズン意表をつくような料理の数々を発表し、仕事のパートナーであるジュリと一緒に幅広いプロジェクトを展開し、各地で精力的に講演や講義を行い、スペイン料理界を楽々とリードしている。彼のアイデアは枯渇するどころか、益々自由に広がって止まるところを知らないようである。いつになったら彼が今の超人的な仕事振りを一段落させる気になるのか、想像もつかない。

彼のファンとしての私は、まだまだ彼に新作を作り続けてほしい。でも友人としての私は、息詰まるほどの緊張感に張りつめた彼の生活を、いささか心配して見守ってもいる。彼が円熟期を迎える時。ただ前に進むのではなく、自分の内へと向かう旅を始める時。その時スペインの料理界もまた、新しい時代に入るのではないか。そんな遠大な期待とともに私は、二十世紀が生んだこの天才児をいとおしい気持ちで見守っているのである。

現代のドン・キホーテ――……マノロ・デ・ラ・オサ

スペイン中央部に広がるラ・マンチャ地方。この名前から多くの人が連想するのはやはり「エル・キホーテ・デ・ラ・マンチャ」、つまりドン・キホーテだろう。

「憂い顔の騎士」が痩せ馬に跨がってとぼとぼと旅をしたであろう広大なメセタ（台地）。丘の上には風車。点々と連なるオリーブの木立以外、地平線までさえぎるものもない単調な道。そこに時折ぽつんと現れる小さな村……。一世紀も二世紀も変わっていないようなのどかな、そしてどちらかといえば荒涼とした風景がどこまでも続く。

といっても、この土地が豊かでないという訳ではない。ふんだんなオリーブ。スペインでもっとも生産量が多いというワイン。小麦。サフラン。蜂蜜。ニンニク。そして時折見かける羊の群れは、ここがスペインを代表するチーズ、ケソ・マンチェーゴの産地であることを物語っている。だから食べるのに不自由はない。それどころか豊かでたっぷりした食卓が、ラ・マンチャのどこの村でも旅人を迎えてくれる。

しかし一方では、ラ・マンチャという地方から誰も想像しないものがあるとしたら、それは

「都会的な」とか「洗練された」という形容詞のつくものだろう。何しろスペイン全体から見ても、ここは田舎の鄙びた風情と素朴さを売り物とする地方なのである。

だから私が、「現在のスペインでもっとも独創的で洗練された料理人の一人」が作る「繊細で都会的な味覚の料理」を食べにラ・マンチャへ行くと言ったら、大抵の人は驚くか冗談だと思うだろう。しかし冗談でもなんでもなく、ここには私のお気に入りの料理人の一人、マノロのレストランがある。

マノロの名前がスペインの料理界でしばしば囁かれるようになったのは、それも往々にして議論含みで耳にするようになったのは、今から数年前のことである。――マドリードの料理人コンクールで優勝したラ・マンチャのコシネーロ（料理人）が面白い。独創的だ。いや、あれは奇をてらっただけだ。まぐれだ。いや、本物の輝きがある――。賛否両論のどちらが正しいにしても、これだけ話題になるからには相当面白い存在に違いない。ぜひとも訪ねてみよう、と思っていた私がやっとそのチャンスをつかまえたのはまだ春の浅い肌寒い日だった。

ラ・マンチャの真っ只中。平坦な土地にあるから、遠くから村のシルエットが見えるというわけでもない。この村の名物がアホ（ニンニク）なので、ずらっとニンニクをぶらさげた店が街道沿いに並んでいるのが目についたら、もうペドロニェラスの村の入り口である。

ニンニクといえば、スペインを代表する調味料。かつてコロンブスがイサベル女王にアメリカ

遠征の後援を願い出た時、

「新しい土地を見つけ、珍しいスパイスを持って帰りますから」

と言ったのに対して、

「我々にはニンニクがある。スパイスなど要らぬ！」

と女王がはねつけた、という有名なエピソードさえある。

昨今の洗練されたスペイン料理では、ニンニクを使う量も頻度もずっと減ってきてはいるけれども、それでもなおニンニクはスペイン料理に欠かせないし、スペイン全体としての消費量、さらには外国への輸出を合わせると、膨大な量のニンニクが生産されているという。

「いや、ただ沢山採れるというだけじゃない。ペドロニェラスのニンニクは特別質がいいんだよ。例えば、チンチョンのニンニクは大きいだけで香りが足りない。ここの紫がかったニンニクは味も香りも最高なんだ」

街道沿いの店の主が力説する。味の方はともかく、ここではニンニクはなかなか凝ったトレンサ（三つ編み）や電灯の傘のような形などに趣向を凝らして編まれて、ちょっとお土産に買いたくなるような楽しい姿になっている。私もつい誘われて、一軒の店に入ってみたのである。

店には所狭しと様々な形のニンニクの束が並べられている。その廻りには蜂蜜のビンや料理の缶詰、冷蔵ウインドウのなかにはチーズ、足元には地元のワイン。これぞ昔ながらのラ・マンチャの「食」のすべてである。食べ物の誘惑に弱い私は、長いニンニクの編み込みの他によく熟したマンチェーゴのチーズ、どろっとした蜂蜜、それに鹿の肉の煮込みの缶詰まで買い込んでしまった。

マノロのレストランは、古い街道に面していた。こういった村にならどこでもありそうなどっしりとした民家の構えで、なかに入ると古い家独特のやや薄暗い照明のなかに居心地よくしつらえた広い食堂がある。

「ラ・マンチャ風」あるいは「ドン・キホーテ風」とでもいうべきクラシックなインテリアだが、控えめに仕上げられているので厭味がない。思わずもたれたくなるようなソファや中をのぞいてみたくなるような戸棚、古い素焼きの壺などがうまく調和して心地よい空間を作っている。この食堂で、素朴でたっぷりした量のラ・マンチャの郷土料理が出てきたとしたら、驚きはないけれども充分満足して帰途に着くことができるだろう。しかし実際には、嬉しい驚きが待っていた。居心地のいい昔風の食卓のひとつに座った私は、マノロの今シーズンのメニューを味わい、その料理の一皿一皿にすっかり圧倒されてしまったのである。

モダンで洗練された感覚と男性的な力強さが遺憾なく発揮された料理の盛りつけ。それぞれの料理の的確な味付け。そして、メニューの随所にアクセントをつけている、ラ・マンチャならではの素材の思いがけない使い方——例えば、従来ならそのまま食べるだけで料理の素材としては使わないケソ・マンチェーゴの使い方の巧みさ。やはりこの地方名産のサフランをデザートに使ったセンスのよさ、等々――。そのうえ、料理と料理のバランスもいい。どの点をとっても一流である。こんなありふれた佇まいの田舎の村のレストランで、ここまで高度な料理が楽しめるなんて、一体誰が想像するだろう！

食事が終わり、私とのインタビューに出てきてくれたマノロを見ると、その驚きは一段と増した。いかにもおいしいものが大好き、というようにどっしりと太った体型、ややぶっきらぼうな態度、くりっとした陽気な目。一見した限りではそれは、どう見ても騎士ドン・キホーテよりも従者サンチョ・パンサを連想させる人物で、この人が今食べたような繊細な料理を創作したなんて嘘みたい、というのが第一印象だったからである。

しかし話し始めてみると、その印象は悉く変わっていった。ぶっきらぼうに見えて、実はロマンチストで照れ屋。その目はいつも、新しいものへの好奇心と知的な興味で輝いている。彼が、サンチョ・パンサのようにやや皮相な現実主義者どころか、実は大いに夢見るドン・キホーテ型の人間であることが分かって、私は一段と彼のファンになってしまった。

「僕の家族はこの村でずっと、食品に携わって仕事をしてきた。チーズを売ったりワインを作ったり、宿屋をやったり食堂をやったり。そのなかで僕は、料理をしている母や叔母や祖母のかたわらで育ったんだ。小さいころからもう、タマネギを刻んだりして手伝っていたよ。そのうち、家庭の料理から一歩進んでレストランの料理を作ってみたいなと思うようになった。そして料理人になった。単純な話だろう？」

本を読むことが大好きなマノロは、手に入る料理の本を端から読み、いつしかラ・マンチャの小さな村のレストランには不必要か、と思われるほどの知識と抱負を抱くようになる。

「いろんな国の料理にも興味があるし、いろんなシェフの料理も勉強した。そうしているといやでも、自分の作りたい料理のアイデアが次々出てくる。そりゃあ、こういう村で『ドン・キホーテの郷土料理』だけ作っていれば楽だろうけれど、退屈だしどこにも出口がない。だから少しずつ、自分なりの料理を作るようになっていった。

僕は気の変わりやすい人間だから、いつも違う料理を試してみたいんだ。それをお客に出して、好評なこともある。だめなこともある。それでいいんじゃないかな。誰でも全員に受け入れられる味覚、なんてものはないんだから。僕は僕の好みを追求していく。それを期待して来てくれるお客が増えれば幸せだね」

というわけで私もまた、彼が次々とつくり出す新しい料理の魔力に引かれてマノロの店へと足を運ぶファンの一人になった。ということは、足繁くラ・マンチャへ通うことを意味する。幸いマドリードからは一七〇キロほど。車で二時間ほど飛ばせば、マノロの最新の料理が味わえる。そしていつ訪れても、彼の新しい料理に失望させられたことはない。

それは彼が、一時の流行に終わらない本物の才能とともに、優れた料理人に必要な資質のすべてを持っているからだろう。料理の素材への深い理解。好奇心。意欲。勤勉さ。それだけではない。繊細な味覚のセンスとラ・マンチャらしい豪快さが彼の料理のなかで見事に融合して、彼の料理の世界を特別なものにしている。

「僕は田舎の人間だし田舎暮らしが好きなんだ。都会でレストランを開いてもっと有名になろうとかもっと儲けようとは思わない。ここの夜空を見たら君もきっとそう思うよ」

現代のラ・マンチャの騎士はそう言いながらふっと、遠くを見るような寂しそうな目をする。彼が夢見ているのはどんな未来なのか。その夢はどんな料理に託されるのか。物語の続きを知るためには、またペドロニェラスの村を訪れなければならないだろう。

――最高の女性シェフ――

……カルメ・ルスカジェーダ

もし私がスペイン語でこの文章を書いているのなら、その出だしはさしずめこうなるだろう。「スペイン最高の女性シェフをここで紹介できるのは、大変嬉しいことである……」

「最高の」というような賛辞は、スペイン語でならそれなりに説得力を持って響くのだが、日本語だと、ただ空疎で大げさな褒め言葉に響いてしまうように思う。いずれにしても最高などというのはやたらと使うべき言葉ではないし、まして料理という、評価の大きな部分を主観で決めざるを得ないジャンルについて語るからには、常々心して控え目に使うようにしているつもりである。しかしカルメは、私にとって現在のスペインで最高の女性シェフであるのみならず、多くの人々の評価でもトップクラスの存在だし、なおかつ私の大好きな尊敬する女性でもあるので、迷わずに「最高の」と言いたい。

彼女との出会いは数年前。グルメ雑誌のなかのグラビアページで、彼女の写真を見た時だった。「今注目のコシネーラ（女性シェフ）」といったタイトルだったと思うが、その記事の内容以上に、彼女の姿が私に強い印象を与えた。

男の子のように短く刈り上げた髪の毛。細くとがったシャープな顔は生真面目そうな表情を湛えているにもかかわらず、黒い瞳はいたずらっぽいほほえみに輝いている――レストランの庭に佇む、そんなカルメの写真を見た瞬間、私は「この人の料理を食べてみたい。いや、それよりもこの人と会って話してみたい。きっと他の人とは違う、特別な何かがある」と確信したのである。

それからまもなく、バルセロナに滞在している時にふと、あの写真のことを思い出した。ここから彼女のレストランのある町までは遠くない。翌日私は、北へと向かうハイウェイを走っていた。

バルセロナとフランス国境を結ぶ海岸線はコスタ・ブラバと呼ばれ、夏にはバカンスを楽しもうと押し寄せる人と車で埋め尽くされる、高級リゾートのおしゃれな町が次々と連なっている。カルメのレストランがあるサン・ポル・デ・マルもそんな町のひとつだが、リゾートマンションだけが立ち並ぶ新興の町ではなく、町の中心部は複雑に入り組んだ細い路地が教会を頂点とする小高い丘を形作っていて、ここが歴史のある古い町でもあることを物語っている。

そのこじんまりした町全部がぴったりと海に接していて、砂浜と白い家々の立ち並ぶ町並みの隙間を縫うように、バルセロナからの玩具のように可愛い列車が走っている。

カルメのレストランは、その列車の止まるサン・ポル・デ・マル駅の、ひとつしかないプラットホームの正面にある。だからサロンの窓からは、日差しによって様々な色合いにきらめく地中海を背景にして、赤と青に塗られた小さな列車が、手を延ばせば届きそうなほど近くに止まって、また去っていくのを眺めることができる。

忙しい昼食を終えて片づいた食堂で、カルメはインタビューに応じてくれた。レストランの支配人として彼女を支えるご主人が、私たちにコーヒーを運んできてくれる。

想像したとおり、彼女は聡明で知的な女性で、私はすぐに彼女が大好きになってしまった。気取らない率直な話し振り。話題が料理のことになるととりわけきらきらと輝く瞳。女性であることを強調するような媚もなく、今や売れっ子のシェフであることの奢りもない。自然体のままで、自分らしく生きることを知っている人のおだやかな自信が、こちらにまで伝わってくる。

「私たちの家族は、ずっと食べ物関係の仕事をしてきたの。ブドウ畑からブドウを収穫してワインを作って売る、牛を飼って牛乳を売る、畑を作って野菜を売る——つまり収穫するものは何でも売っていたのね。

でも時代が変わってこのあたりの産物も変わり、わが家の仕事も変わっていったわ。チャルクテリーア（豚肉の加工品を売る店）が仕事の中心になり、持ち帰るための簡単な料理も売るようになったの。そこで、料理好きな私の出番が始まったわけ……」

それまでカルメは、料理が大好きな主婦でしかなかった。しかし店で売る料理を作っているうちに、その評判は町中に広まった。そうして一家はレストランを開くことになり、彼女はいつのまにか料理人としてデビューしていたのである。

「最初は、ごく簡単な料理を出すつもりだったの。ところがいざ始めてみたら、どんどん新しい料理のアイデアが湧いてきて――気がついたら、こういうレストランになっていたの」

現在彼女が作っているのは、簡単な料理、などというものではない。きわめて完成度の高い、はっきりした個性を持つシェフの創作料理である。いくら元々料理が好きだったとはいえ、十年足らずでここまで到達したカルメの才能には並々ならぬものがある。

奇をてらうことなく素直に目を喜ばせてくれる、優れた美的センスの感じられる料理の盛りつけ。季節感を重視し、軽やかなオードブルからダイナミックなメインの料理へと見事にアクセントをつけて配置されたメニュー。素材の味を生かした過不足のない調味。料理の一皿一皿に感じられる、鋭い感性と心地よい緊張感――私は、ついに満点をつけることのできる女性シェフに出会ったのである。

それからもう八年。私は、機会あるごとにカルメのところに立ち寄るようになった。様々な季節、異なったメニューの時期に訪れても、いつも彼女の料理は新鮮な感動を与えてくれる。それどころか時が経つにつれて、カルメの料理は益々完成度を増し、より円熟しつつある。しかも元々背伸びをしない彼女のことだから、そこには無理がない。いかにも自然にらくらくと、彼女は前進しつつある。こんな自然な進歩の仕方を、どれほどの料理人たちが夢見ていることだろう！　それは、努力だけでは勝ち得ることのできない、天賦の才能をも必要とする「自然さ」なのである。

「サン・ポル・デ・マルは小さいながらも活気のある、魅力的な町なのよ。バルセロナでレストランをやらないか、というような話も時々あるけれど、私はここが好き。あんなに人の多い大都会では、息が詰まってしまうだろうと思うの……」

やっと仕事の途切れた夕方、一緒に海岸を散歩しながらカルメがつぶやく。確かに、彼女はこの町によく似合っている。小さくて目立たなくて、ひっそりと咲く野の花のような――こんな形容詞が似合うスペイン女性というのも稀、といっていいだろう。

「有名になった、ということは前向きに受け止めているわ。だって、そういう評価があってこそ、本当に自分がやりたい仕事をするチャンスが与えられるんですもの。こんな小さな町まで、わざわざ私の料理を食べに大勢の人が来てくれる――だからこそもっともっと勉強して、よりおいしい料理を作ろう、というふうにね」

カルメの名声は着実に広まり、それに比例して彼女の生活は年毎に多忙になってきている。ミシュランの二つの星も、責任感の強い彼女にプレッシャーをかける。厨房はより大きく最新の設備に改装されたけれど、そこで働くカルメの仕事の量は増える一方のように見える。それでも、料理への純粋で素直な意欲と好奇心を失わない彼女に、私は会うたびに感動し、尊敬を新たにせずにはいられない。

海辺の道は、町を見下ろす小高い丘へと坂道を登っていく。その一番上にエルミータ（礼拝堂）があり、白く塗られたその壁が青い空と青い海のなかにくっきりと浮かび上がって、地中海を象徴するような鮮やかなコントラストを織りなしている。私とカルメは、心地好い風のなか、小さな町を見下ろしてしばし佇んでいた。

「私の料理を定義づけるのなら、それはこの地域の料理、つまりカタルニア料理に現代的なタッチを加えたものだと思う。でも、私が料理をつくり出していく時の一番の原動力は、そういう伝統の外にあることも事実ね。色々なところへの旅、あるいはただ単に普段とは違う場所で違うテーブルに座ることさえ、何かをつくり出すきっかけになるわ。とりわけ、異質の文化との出合い――それは必ず、一旦私のなかに吸収されてから、料理という形をとって表現されていくの。ただしそれは意識してコントロールできるものではないので、何がどういう形で出てくるかは、自分でも予想できないわ。だって、何かに刺激されて新しいことを思いつくのは、とても自然な衝動でしょう？」

私は笑いながら、彼女に答えた。

「そういう衝動が一回でもいいから自分にも訪れないものかと、神に祈っている料理人も大勢いると思うわ」

と。

「毎日、手に入る素材も違う。自分も日毎に変わっていく――だって昨日のあなたと今日のあなたは、絶対に同じではないわ。何かしら新しい経験があなたを刻々と変えていくから――ということは、料理も毎日変わっていくのよ。料理という仕事は、毎日が勉強。しかも、一生終わることのない勉強よ」

生まれ育った町をいとおしげに見下ろしながら語るカルメの表情には、本当に好きな仕事に真っ向から取り組んでいる人だけが見せる充足感と、いつも何かを追い求めずにはいられない若々しい好奇心があいまって、彼女を少女のように初々しく、すがすがしく見せている。

この人は、まだまだ遠くまで登っていくだろう。しかしだからといって名声や利益のために自分を見失うことはなく、いつも静かに、海辺のささやかな花のような美しさを保つだろう――私は嬉しく頼もしい思いで、私の「最高の女性シェフ」を見つめていた。

レースに挑む若者たち……セルジ・アロラ

美食について語る時、スペインの首都マドリードは最近までいささかのコンプレックスを抱えていた。少なくとも私はそう感じ、自分がマドリードの住人であるだけに悔しい思いをしてきた。

というのは、注目されるレストランについて語る時ちっともマドリードのレストランの名前が出てこない。話題のシェフについて語る時、誰もマドリードのシェフが登場しないという状況が続いていたからである。

勿論、マドリードにおいしいレストランがないというわけではないけれど、目ざましい動きをしてくれるような若手の料理人が一向に現れない。それになまじ首都であり政治の中心であることが災いして、この町でトップクラスとされる店は大抵どこも、老舗の名前と顧客層が高級であることだけを自慢のたねにしているようなたぐいの店である。その種の店のメニューでは、値段の高さに驚かされることはあっても料理の斬新さに驚くということはまずあり得ない。そういういわば「接待用」のレストランにうんざりしていた人々にとって、ここ数年で最高のニュースは——たとえいくらかの複雑な気持ちが混ざるにしても——セルジのマドリード進出だったに違いない。

複雑な気持ちというのは、ほかでもない。セルジは、バルセロナ育ちのカタラン（カタルニア人）だからである。マドリードとバルセロナは永遠のライバルであり、政治的にも様々な反目を抱えている。そのバルセロナからやってきたセルジが瞬く間にマドリード料理界で一番の人気者になるなんて、誰に想像できただろう。しかもセルジは、その偉業をこともなげにやってのけたのである。

私が最初にセルジに目を留めたのは、今から九年前のこと。その時彼はまだ、カタルニアの誇る料理人フェランが総指揮をとるバルセロナのレストランの、二番手のシェフだった。しかしたまたま私が雑誌の取材に訪れたその時にトップシェフが休みで、セルジが撮影用の料理を作ることになったのである。

トップシェフのカルロスはとても気立てのいい穏やかな青年で前から親しくしていたけれど、セルジの方は鋭くやや暗い目つきで鍋や皿に向かって一心に仕事をしている姿を目にしていただけで、それまで余りつきあいはなかった。しかしその撮影の時、カルロスの代役として料理を作ったセルジの作品の出来ばえに、私は内心舌を巻いた。優れた美的センス、しっかりしたテクニックはいうまでもない。師匠であるフェランのスタイルを踏襲しながらも、カルロスのようにただ素直にそれに従うのではなく、あくまで自分の個性を引き出そうとする強い意志が、ひとつひとつの皿に感じられる。この青年はきっとすごい料理人になるに違いない、とその日私は確信したのである。

それにしてもなお、数年後に彼が「マドリードに進出する」と報告してきた時にはびっくりした。それまで、たとえどんなに一流のレベルに達してもカタルニアの料理人はあくまでカタルニアで成功を求めるものと相場が決まっていたし、いくらセルジが優れた料理人でも、マドリードでバルセロナ出身の彼が成功するなんてとても信じられなかったからである。

「だってカタルニアに残っていたら、僕のライバルは師匠であるフェランを先頭に僕の先輩や同僚たちばかりになってしまう。それじゃあ、やりにくいからね。それにもうそろそろ、マドリードにも一軒くらい、カタルニア系の料理人の店ができてもいい頃じゃないかと思って」

と、驚く私に彼は答えたものだった。

それから三年。彼は、こぢんまりしたレストランで充分評価されたうえで更に高級ホテル内へと舞台を移し、今やマドリードでもっとも注目を浴びる若手シェフとして大活躍している。勘の鋭いセルジの読みは見事にあたった。従来のレストランや料理にいささかうんざりしてきていたマドリードの人々は、この若いカタルニアのシェフを感嘆の拍手とともに迎え入れたのである。

会う度に確実に一歩前進しているセルジの新作料理を味わうために彼のレストランを訪れるのは、最近ではマドリードでの楽しみのひとつである。若者ばかりのスタッフたちもやる気充分、店は人気上昇中のレストランならではの活気に満ちていて気持ちがいい。斬新な料理を引き立てる舞台にふさわしく白一色のインテリアの店内からは、白いブラインド越しにカスティジャーナ大通りがうっすらと透けて見えて、あたかも障子越しの景色を眺めるような独特の空間を生み出している。

「そうかもしれないなあ。日本を意識して決めたわけではないけれど、何しろ僕は大の日本好きだから」

とセルジは笑う。

バルセロナにいた頃から彼は日本びいきで、日本料理店にも足しげく通っていた。私がお土産に日本料理の本を持っていくと、食い入るように眺めて様々な質問をぶつけてくる。そして次に会った時には、日本料理の盛りつけや素材の組み合わせ方を巧みに取り入れて思いがけない効果を生んだ、新しい料理を披露してくれる。

例えば焼き鳥の串をじっと見ていたなと思ったら、次に行った時には小さなヤリイカが串に刺されて出てくる。起き上がりこぼしをプレゼントしたらまもなく、揺りかごのように揺れる器にスナックを入れて出してくる。彼もまた、好奇心が新しいアイデアに結びつくという、才能ある料理人には欠かせない資質を神に与えられた、恵まれた者の一人なのである。

セルジはまた、生まれながらのファイターでもある。そしてそんな自分を冷めた目で分析することも知っている。

「僕は今、すごく有利な状況でレースをしているんだと思う。先頭を走っている選手、つまりフェランは大変だけれど、その後に続く二番手三番手は自分でレースのピッチを決めなくてもいいし、好きな時に追い上げられるからね」

そう言って笑う彼は、かつて厨房で一人皿に向かっていた時に見せたのと同じ、鋭く輝く野性的な目をしている。

しかしまた、Ｔシャツとジーンズで高級レストランの陣頭指揮にたち、既成の権威など意に解さない傍若無人な若者と思われても仕方なさそうな彼が、実は先輩をたてることもよく知る礼儀正しい青年であり、家では幼い娘を溺愛するごく家庭的な父親であるということも事実である。そんな彼を見ていると、この人はこれからもきっとバランスよく成長し、したたかに前進していくだろうな、と頼もしくも末恐ろしくも感じる。この若者は賢い。名声に溺れるとも思えない。いつも冷静に、次のステップを捜して上へ上へとかけ上っていくだろう……。

セルジが言う通り、今スペインで料理を志す若者たちは、一躍世界のスターとなったフェランを先頭に過酷なレースに挑んでいる。スペイン料理界が世界に注目されるという、未だかつてなかったほどにチャンスに満ちたこの時代に彼らの意気は盛んで、レースをみているこちらまでもがわくわくする。

そういう若者たち——私にとっては年下の若者たちに、最近では色々と教えられるようになった。セルジもその一人である。彼らの若さと大胆さに刺激を受けて、私もまだまだ前進したい、と思う。

しかし同時に私のほうでもいくらかは、今まで学んできたものを彼らに教えてあげることができる。そんな形で彼らのために役立つことができるなら、私もまた新しい料理の世紀に少しは貢献することができるかもしれない……。そんな思いを胸に、私はセルジの厨房で、あるいはスペイン各地の厨房で好奇心に燃える若者たちに囲まれて、心楽しいひとときを過ごすのである。

あとがき

スペインを初めて訪れてから、二十五年ほど経った。言い換えれば自分の国よりも、このはるかかなたの国の方を向いて暮らすようになってから四半世紀の時が流れたことになる。

そして今振り返ってみると、それはまた、スペインでのさまざまな出来事に対する自分のリアクションが、外国人としての驚きや感動から、むしろスペイン人と共に暮らしスペイン人の側に立ってものを眺めている者としての、より屈折した——妥協や諦め、誇らしさや腹立たしさなどの入り混じった——感情へと変わっていくことに戸惑う年月でもあったと思う。

ある場所を初めて訪れた時と同じ感動をずっと持ちつづけるということは、たぶん誰にとっても難しい。ましてその国に「慣れて」しまったとき、私は書くことができなくなるのではないだろうか。書きたいという動機を失ってしまうのではないだろうか……。

しかし、そんな心配は杞憂に終わった。この国ではいつも何かしら新しい出合いが私を待っていて、それらの出合いが私の心を揺さぶり、好奇心をかきたててくれたからである。

出合い。それは町や風景との出合いであり、料理との出合いであり、人との出合いであった。なかでも、「人情」という言葉がまだ日常のなかに息づいているこの国の人々と出合うことへの期待は、いつも私を新しい旅へと駆り立ててきた。この本は、そんな数々の出合いの旅から選んだ、七つの物語である。

なかには、ただの出合いというだけにとどまらず、友人としてのより深い絆へと育っていった出合いの物語もある。それっきり再会することはなくても、いつまでも心に残っている大切な出合いもある。そしてそれらすべての出合いの旅は、私の抱いた何らかの疑問をきっかけとして始まっていた。このオリーブ油はどんな人が作っているのか？　このワインはどんな発想から生まれたのか？　この料理のルーツはどこにあるのか……？

スペインの大地で人々は何を食べ、何を飲んで暮らしてきたのか。そしてこれから、何を食べていこうとしているのか。つきつめてしまえばこれほどに素朴な疑問に答えを探して、私の旅は今も続いている。スペイン各地へと足で動き回る旅だけでなく、古い本のページを辿る旅や人に教えを乞う旅をも含めて、まだまだ様々な旅が自分を待っていると感じるのは、なんとうれしいことだろう。

私にインスピレーションを与えてくれてきたスペインの友人たち、そして私を励ましてくれてきた日本の友人たちに、心からの感謝と「これからもよろしく」という気持ちを込めて、この本を贈りたい。

二〇〇二年三月

渡辺万里

本文に登場したレストランなどの一部を紹介しておきたい。ただしこの本はガイドブックではないから、これがスペインのおいしい店のすべてというわけではないのは、いうまでもないことだろう。

読者の皆さんがスペインでおいしい旅をされることを、心から願っている。

旧カスティーリャ

Meson de la villa　Calle Rodríguez de Valcárcel 3. Aranda de Duero, Burgos.

女性シェフ、セリの店。アサードだけでなく季節の料理もお勧め。

Meson los Templarios　Plaza mayor s-n, Villalcásar de Sirga, Palencia.

巡礼の道でみつけた、すばらしいアサードを出す食堂。

ガリシア

Vilas　Calle Rosalía de castro 88, Santiago de Compostela, A Coruña.

昔ながらのガリシア料理ならパコの店。弟のやっている Moncho Vilas も同様。

Roberto　San Xulian de Sales-Vedra, A Coruna.

気鋭のシェフ、ロベルトのレストラン。郊外にあって料理だけでなく場所も魅力的。要予約。

Toñi Vicente　Calle Rosalía de castro 24, Santiago de Compostela, A Coruña.

新ガリシア料理の旗手として知られる女性シェフ、トニのエレガントなレストラン。要予約。

エストゥレマドゥーラ

Atrio　Avenida España 30, bloque 4, Caceres.

エストゥレマドゥーラを代表するトーニョのレストラン。要予約。

El Figon de Eustaquio　Plaza San Juan 12, Caceres.

伝統料理ならエウスタキオ氏の店。狩猟期にはウズラやイノシシも。

アンダルシア

Nuñez de Prado　Calle cervantes 15, Baena, Córdoba.

最高の品質の有機栽培オリーブ油を作るパコ一家の工場。団体予約すれば食事もできる。

バスク

Recondo　Paseo de Igueldo 57, San Sebastian.

ルルデスの料理とバスク伝統のアサードが共に楽しめるレストラン。要予約。

最新のシェフたち

Arzak　Alto de Miracruz 21, San Sebastian.

ファン・マリとエレナが守る、新バスク料理の殿堂。どの季節のメニューにも新しい感動がある。要予約。

El Bulli　Cala Montjoi, Rosas, Girona.

今ヨーロッパでもっとも注目されるシェフ、フェランの拠点。1年の半分しか営業していない。要予約。

Las Rejas　Avenida Brasil. Las Pedroñeras, Cuenca.

ラ・マンチャで一人活躍するマノロのレストラン。料理の質はいつもすばらしい。要予約。

Sant Pau　Calle Nou 10, San Pol de Mar, Barcelona.

女性シェフ、カルメの海辺のレストラン。毎年新たな料理が続々と登場する。要予約。

La Broche　Miguel Angel 29, Madrid.

今やマドリードのトップシェフの一員となったセルジの店。要予約。

渡辺万里（わたなべ　まり）

学習院大学法学部政治学科卒。スペイン内戦研究の権威、斎藤孝教授に学んだのをきっかけとしてスペイン語を学び始める。

一九七五年よりマドリードでピラール・サラウに師事して学ぶと同時に、各地を廻って代表的なシェフの指導を受ける。

一九八九年、東京目白に「スペイン料理文化アカデミー」を開設。以来、東京とマドリードを半々に行き来しながら、執筆、後進の指導、講演などの活動に携わっている。

『NHKラジオスペイン語講座テキスト』、『料理王国』、『専門料理』その他に随時執筆。スペインでは、グルメ雑誌『GOURMETS』に執筆すると同時に、同雑誌主催のワイン鑑定グループの一員でもある。

主な著書に『太陽が一番のごちそうだった』（新宿書房）、『スペインかすていら巡礼』（扶桑社）、『スペインの竈から』（現代書館）、『エルブジ至極のレシピ集』（日本文芸社）など。

www.linkclub.or.jp/~acgas-sp

修道院《アルカンタラ》のウズラ料理《りょうり》
――スペイン料理《りょうり》七《なな》つの謎《なぞ》――

二〇〇二年四月二十日　第一版第一刷発行
二〇一九年六月三十日　第一版第二刷発行

著　者　渡辺万里
発行者　菊地泰博
発行所　株式会社 現代書館
東京都千代田区飯田橋三-二-五
郵便番号　102-0072
電　話　03（3221）1321
F A X　03（3262）5906
振　替　00120-3-83725

組　版　アール企画印刷／具羅夢
印刷所　平河工業社（本文）
東光印刷所（カバー）
製本所　矢嶋製本／積信堂

制作協力・東京出版サービスセンター
 ISBN978-4-7684-6815-9
定価はカバーに表示してあります。乱丁・落丁本はおとりかえいたします。
http://www.gendaishokan.co.jp/